美學

打開未知的美感體驗

A Very Short Introduction

Aesthetics

BENCE NANAY

本斯・納內
著

蔡宜眞
譯

目錄

第一章

迷失在博物館裡

你來到博物館，排隊排了半小時，花了二十英鎊，然後站在那裡看著展出的藝術品；但你完全無感。你非常努力，也讀了作品旁的標籤，甚至借了語音導覽；但還是一無所獲。你該怎麼辦？

也許你不是非常喜歡這位藝術家。或者，大體來說，你其實不是那麼喜歡繪畫或是藝術。然而有些時候，欣賞藝術品對你而言是種享受，你甚至喜歡這位藝術家的畫作，也許還會欣賞這同一幅畫作。但是今天，出於某種原因，你就是無法欣賞。

聽起來很熟悉嗎？我們都有過這種煩惱。也許不是在博物館，而是在音樂廳裡，或是在睡前想讀一本小說的時候。浸淫在藝術中有時會讓人立即有感，但有時完全不是這麼一回事，兩者之間的界線非常細微。

我用這個例子來介紹美學這個主題，是因為我們在這樣的情境中感受到的經驗，就是這本書要談的重點——明確地指出「無法欣賞」（即便非常努力）這種經驗的本質，還有這種經驗對我們是何等的重要。

我用了藝術當例子，但這種經驗也有可能發生在當我們站在山頂上想要欣賞美景，或者想要盡情品嚐美食的時候。美感欣賞，不論是藝術、自然或食物，有時並不太容易。

非菁英主義的美學

美感是關於一些特別的經驗，這些經驗我們非常在乎。「美學」（aesthesis）這個希臘詞彙的意思是「知覺」。德國哲學家亞歷山大・鮑姆加登（Alexander Baumgarten, 1714-1762）在一七五〇年引介了「美學」這個概念，他用這個詞表達「研究感官經驗」（Scientia cognitionis sensitivae）。

美學討論的經驗是全面的。我們在乎某些經驗高過其他的。不只是在博物館裡欣賞藝術品或是觀賞歌劇演出，還包括下班回家的路上看見公園裡的紅葉，或是看見夕陽餘暉落在廚房餐桌上。甚至當你選擇今天要穿的上衣，或是思考著要不要在湯裡加一些胡椒，這些經驗也是美學。美學無所不在，是生活中最重要的面向之一。

美學有時被認為太菁英主義，只屬於藝術家、音樂家，甚至哲學家。這是對美學的誤解，也是本書想要澄清的事。所謂的「高等」藝術，比起情景喜劇、刺青或龐克搖滾，在美學上並沒有更高級。美學的範疇遠大於學院或是街頭藝術，而是包含了我們生活中關心的很多事物。

波蘭的前衛小說家維爾托德·貢布羅維奇（Witold Gombrowicz, 1904-1969）優雅地捕捉了這樣的感受：

> 在最高級的餐廳裡，食物的滋味並非總是最棒的。對我來說，以不完美、偶然和片段的方式出現的藝術，幾乎都更有力，彷彿只是在表明

它的存在，讓人們以無以言喻的方式感受之。比起在音樂會舞台上出色的蕭邦演奏，我更喜歡來自敞開的窗戶、穿越街道傳至我耳邊的蕭邦樂曲。

美學的任務並不是告訴你這個藝術作品好、那個不好。美學的任務也不是告訴你哪種經驗值得擁有——是街上傳來的蕭邦，或是音樂會上的蕭邦。如果某種經驗對你來說值得擁有，那它就成為一種潛在的美學主題。當你找到屬於你的美學，你就能夠享受它。美學不是導覽手冊，告訴你哪種經驗是被允許的、哪種不是。它也不是地圖，能幫助你更容易找到它。美學是分析這種經驗有何意義的一種方式。美學是不帶批判的，而且本當如此。

有個令人玩味的例子可以說明這一點。法國畫家費爾南・雷捷（Fernand Léger, 1881-1955）描述他和他的朋友觀察一位裁縫店的老闆在櫥窗裡擺設十七件西裝背心，再加上搭配的袖釦和領帶。這位裁縫在每一件西裝背心花費十一分鐘。他把它往左邊移動幾公釐，然後走到店鋪外面看一看；然後又回到櫥窗裡，把它往右邊移動幾公釐，如此這般。他是如此專心，完全沒發現雷捷和他的朋友正在看他。雷捷感到有點羞愧，省思著沒有幾個藝術家會像這個老裁縫那樣，對自己作品的美學投入這樣多的關注，更不要說去博物館參觀的人了。雷捷想說的，也是本書的主旨，就是那位老裁縫的經驗，和去博物館欣賞雷捷畫作的經驗一樣，都足以被稱為美學。

以這種全面性思考美學，讓我們能對於美感欣賞的社會面向、以及美學價值對我們自身的重要性等老問題，有了新的理解方式。這種全面的思考也使得我們能真正以全球的角度思考藝術和美學，而不是以「西方」為尊。

美學，抑或藝術哲學？

美學並不等於藝術哲學。藝術哲學和藝術有關，而美學則是和許多事有關——其中也包括藝術。但它也與看到令人讚嘆的景色、望見辦公室對面牆上陰影的圖案這類的經驗有關。

這本書是關於美學。因此，比起藝術哲學的書籍，本書的範圍既比較寬又比較窄。藝術哲學探討各式各樣與藝術相關的哲學問題——形而上的、語言的、政治的、道德的問題；這些問題大都不在我探討的範圍內。例如，我不會談到藝術的定義，以及為何藝術品與世界上其他事物不一樣。

美國抽象藝術家巴尼特．紐曼（Barnett Newman, 1905-1970）有句名言，美學不關藝術家的事，就像鳥類學不關鳥的事。在這個放肆的宣言裡，很顯然藝術哲學（而不是美學）就等同於鳥類學。藝術哲學的工作是將藝術品分類、思索不同種類流派之間的區別，但這不是美學的工作。所以紐曼諷刺的是藝術哲學，而不是美學。美學研究的對象是經驗，這樣的經驗正是藝術家努力想喚起的，對於每個藝術家來說，都是至關重要的事。

不過，藝術作品當然會引發各式各樣的體驗，而美學不會探討所有的這些體驗。我很確定雅賊也會對他偷的作品有某種體驗，但顯然不會是本書要探討的。或者，假設我答應給你一大筆錢，只要你跑遍大都會美術館，算一算有多少張畫作上有簽名。我很確定你一定辦得到，但這樣並不會讓你的心智處在審美的狀態，不管定義多寬都不行。

我們用美學的角度體驗藝術品，但我們也會用其他各種方式體驗藝術品。而我們也用美學的角度體驗很多其他事物。在整本書中，我會將美學經驗和美感欣賞[1]互換使用，因為美感欣賞是我們所做的事，而美學經驗是當我們欣賞美時的感受。藝術與美學並不同，但這並不表示我們要完全忽視其中的關聯。在美學上對我們來說有價值的時刻，許多都來自於欣賞藝術。

換句話說，藝術對美學來說是重要的，但絕對不該被特別對待。一股特別有影響力的「西方」美學流派認為，我們對藝術（具體來說是高等藝術）的美感欣賞，和對其他事物的美感欣賞是完全不同的。這種想法低估了美學，因為它限制了美感時刻在我們人生中的重要性和關聯性，也和幾乎所有非「西方」的美學傳統背道而馳。這本書是非常簡短的美學介紹，而非介紹特定的「西方」美學傳統，儘管它在歷史上也很重要。

非「西方」美學

全世界各地都有藝術品產生。還有音樂，以及故事。即便如此，當我們走進世界各地幾乎所有主要的博物館，通常都會發現在「西方」製造的物品。[2] 要是你想找來自其他地區的物品，往往要走到遙遠的側翼，或甚至得到另一間博物館。但藝術並非「西方」獨有，美學也不是。

1. 譯注：原文 aesthetic 一詞，譯為美學或美感，視上下文而定。
2. 西方指的是歐洲，若是現代藝術的博物館，也許還會加上北美。在整本書裡，我都會特別為「西方」加上引號，以表明「西方」明顯不是個一致的概念。

在世界各地都有人把美感欣賞理論化。堅守歐洲的美學路線就跟在博物館裡只展出歐洲的藝術品一樣，失之偏頗。伊斯蘭、日本、中國、印尼、非洲、蘇美—亞述、前哥倫布時期、梵文化和巴厘島文化的美學，都是非常精緻的思想體系，充滿對藝術體驗及其他事物的重要觀察。討論美學的書籍絕對不該加以忽略。

事實上，在許多意義上，「西方」的美學才是邊緣者——它強調（或者我該說執迷於？）批判、高等藝術，把美感欣賞從社會脈絡中抽離。我不會假裝本書涵蓋了所有的美學傳統，但我也不會聚焦在（由聲譽卓著的已故白人男性想出來的）單一的「西方」觀點，因為它顯然不足以映照出世界上的其他地區。

第二章

性、毒品、搖滾樂

會被視為某種美學類型的經驗，是五花八門的。不光是聽你最喜歡的歌曲或看你最喜歡的電影，也包括在 YouTube 上觀賞「進球時刻」全輯、終於決定要買哪一雙鞋、決定把咖啡機放在廚房檯面上的哪個位置。要找到這些經驗的共同點，是相當大的挑戰。

當然，這也並非包山包海。哲學家們常拿藝術體驗和毒品、性相關的體驗來比較，還有各種享樂體驗，例如與搖滾這個詞連在一起的狂歡派對。所以傳統的美學思考方式是：我們必須用某種方式在美學和非美學之間劃清界限，讓性和毒品出界，但髮型和音樂則包括在內。這要如何才能做到？

我採用性、毒品和搖滾樂的問題當背景，介紹探討美學時最重要的途徑。實際上，我不認為能把美學體驗和性、毒品、搖滾樂切割開來。一切事物都可以用美學的方式體驗，例如，某些藥物引起的體驗可以算作美學。但是一一探討這些美學途徑會幫助我們了解：將美學和非美學區分開來有多麼困難。

我將談論四個具有影響力的美學觀點，分別聚焦在「美」、「愉悅」、「情感」和「本身的價值」。我不會單純地摒棄它們，或證明它們沒有用，也不會取笑它們。我會談到它們，是因為每一個概念都包含一些很重要的指標，指出我們該如何、以及不該如何思考美學領域。

美？

最廣為流傳的美學觀點是它和美有關。只要在街上四處看看——「美學」這個詞經常出現在美容沙龍裡。當要解釋美學這一哲學原則時，人們很容易就會採取類似美容沙龍的方式。一般的想法是，有些東西是美的，有些則不是。美學幫助我們區分兩者，甚至可以用來解釋為什麼美的東西是美的。

我稱這個為「美容沙龍方式」（beauty-salon approach），因為在整型外科或美甲行業裡，對於什麼是美的、什麼是不美的，有相當清晰的概念。事實上，它們主要目的是將不那麼美的東西變得更美。許多認為美學與美有關的人，都抱持著類似的假設，認為世界上美與不美的事物之間存在著分界線。

美容沙龍方式可以毫不費力地解決性、毒品、搖滾樂的問題。美學體驗是對美的事物的體驗。藥物引起的體驗、性經驗或搖滾體驗，都不是美的事物，所以它們不能算是美學。

嘲笑這種觀點具有說教和批判含義實在太容易了，搖滾樂是魔鬼的音樂，大麻是魔鬼的植物，而性則是，呃……性；但重要的是，這種美容沙龍方式真正的問題，並不是本著菁英主義或保守的態度在美與不美之間劃出界限；真正的問題是：劃出界線這件事本身。

舉例來說，美不美和是不是紅色有很大的差別。我們可以把世界上所有的東西分成兩堆：紅色的和不是紅色的東西。這可能沒什麼意義，但我們可以做到。

可是我們不能把世界上所有的東西都分成美的一堆、不美的一堆。至少，如果我們希望美與美學有任何關係，就不會這樣做。正如英國詩人奧斯卡・王爾德（Oscar Wilde, 1854-1900）所說：「沒有東西醜到在某些明暗下、或靠近其他事物時看起來不美；也沒有任何東西會美到在某些條件下看起來不會很醜」。

關鍵在於，美並不是在所有觀察者、所有脈絡下都永遠保持不變的一種特徵。如果這個概念想在美學上有任何用處，就必須能捕捉美轉瞬即逝的本質。正如王爾德所說的那樣，我們有時會認為某件事物很美，有時則不然。這與美是否僅存在觀者眼中這個爭論無關（我會在第五章中詳談這一點）。即使美不是僅存在觀者的眼中，即使美在某種意義上是「客觀的」，但美高度仰賴我們見到它時的情境。用美容沙龍方式無法解釋這種對情境的敏感性。

儘管美容沙龍方式在「西方」美學史上占據主導地位，但它並不是探究美的唯一途徑。另一種方式可以概括為一個精闢的口號，（是錯的但也不意外）據說是出自於孔子（西元前551-479年）曰：「萬物皆美，但非人人可見。」所以事物不會分成美和不美的兩堆，而是只有一堆。

各種前衛流派也贊同這種觀點。再拿雷捷來舉例，他也反對任何一種「美的層級」。他曾說了一段引人深思的話：

> 美無處不在：比起十八世紀的客廳或官方博物館，在你家廚房白色牆壁上安排湯鍋的位置，還更有美感。

這樣的觀點是，任何事物都可以看起來很美，而美學正是關於這些美的經驗。但讓一種經驗成為美感的，並不是因為我們經驗到的事物是美的，而是我們以某種方式經驗它。不管我們經驗到的是什麼，都是美的。它不是我們的經驗本身，而是我們經驗的方式。

這種觀點抓住了我一開始說的非菁英主義和非批判，但還有個弔詭的地方。這種將美與美學聯繫起來的方式，實際上使美的概念變得多餘。我們可以在不談論美的情況下敘述整件事。美只是暫代我們的經驗的特徵——而且還不是非常有用。如果美學是關於體驗事物為美——不管那是什麼事物——那麼我們會想知道這代表什麼。我們該怎麼做？如果我正在博物館裡看一幅畫，而我的經驗完全不是美感的，那我該如何使它成為一種美學經驗？將它體驗為美？所以這個建議不是很有幫助。

美容沙龍方式至少給了我們一種方式，區分美學經驗和非美學經驗，例如所謂的性、毒品、搖滾樂體驗。它不是一種很好的方式，但它仍是一種方式。更民主的方式（我把它和雷捷還有孔子連在一起）本身則不怎麼討論美學經驗。順著這個思路，我們還必須努力解釋，是什麼讓某些經驗成為美感體驗，其他則不然。而且如果我們能解釋這一點，那麼在其中提到的所有「美」，都只是一個不太有用的標籤罷了。

儘管如此，民主版對美的說明，教導我們一些非常重要的事。並非有些事物是美的，有些則不然。所有的事物——呃，幾乎所有的事物——都可以引發美感經驗。而沒有任何事物，即使是最偉大的藝術作品，會永遠有這樣的作用。最大的問題是，我們如何解釋這種美感經驗及觸發它的方式。你可以用「感受其為美」當作標籤，幫助提醒自己這種經驗為何，但這並不是對這種經驗的解釋。

對於同樣的對象，我們可以感到美，也可以感到不美。前者是美感經驗，後者則不是。這種美的說法欠我們一個解釋，說明這種差別。這解釋八成是與這感受開始的方式有關，或者可能和我們的注意力或情緒的運作方式有關，但與美則不太有關。

愉悅？

在談論美學與非美學之間的差異時，經常使用的另一個重要概念是「愉悅」。一般的想法是，美學是為了帶來愉悅，不美的則不然。美感體驗通常是（但顯然並非總是）讓人愉悅的經驗，所以我們喜歡這樣的經驗。要是我們了解它帶來的愉悅，也許就能了解是什麼讓一種經驗成為美。

並非所有的愉悅都是有美感的。德國哲學家伊曼努爾・康德（Immanuel Kant, 1724-1804）詳細論證了審美愉悅的獨特之處，在於它是無私的。關於「無私的愉悅」可能意味著什麼，有數百萬頁的文章探討。我不想做更多關於康德的學術研究，我想從愉悅的心理下手。

心理學家將愉悅區分成兩種。第一種愉悅是當不愉快的事情停止時，你的感受，我將其稱為「解脫的愉悅」，因為這是身體經過一段時間的擾動後，恢復正常狀態所引發的。所以，如果你非常餓之後終於吃到東西，那麼你感受到的愉悅就是解脫的愉悅——你的身體會恢復到飢餓前的正常狀態。

解脫的愉悅是短暫的。我們已經結束了不愉快的事——愉悅點出這解脫的時刻。但這只是一瞬間，而且解脫的愉悅不會激勵你。它可能是我們做出某事的結果，但它不會讓我們更進一步。

這和我所謂「持續的愉悅」剛好相反。持續的愉悅會激勵我們繼續做正在做的事——它支撐我們的行動。沿著海灘散步，讓人非常愉快，這不是從任何事情中解脫，單純只是感覺很好。和解脫的愉悅不同，它可以持續很長一段時間，並激勵我們繼續走下去。

加拿大哲學家莫漢．瑪汀（Mohan Matthen, 1948-）基於這種心理上的差異，指出同樣的活動在某些情況下能帶來解脫的愉悅，而在另一種情境下可以帶來持續的愉悅。吃東西就是一個很好的例子。一天不吃東西後，吃下第一口食物可以帶來解脫的愉悅，但如果你享用的是美食，那麼它也能帶來持續的愉悅。

美學的愉悅通常是持續的愉悅。你正在看一幅畫，你所感受到的愉悅會激勵你繼續看著它。這是一種沒有終點的活動，就像是在沙灘上散步。愉悅讓我們繼續欣賞畫作，有時甚至難以自拔。

至於性、毒品和搖滾樂這個問題，則是複雜的。某些性慾和毒品誘發的活動，會帶來持續的愉悅，所以我們不能將性和毒品全都拒之門外，排除在美學活動的菁英圈子以外。這是用愉悅來解釋美學所帶來的優勢——我不懂為何性和毒品導致的某些經驗不能算為美學。用愉悅來解釋甚至給了我們一個指標，指出為什麼某些性和毒品引發的經驗算得上美學，也就是它提供了持續的愉悅。

有大量的心理學研究，是關於持續的愉悅如何激勵和幫助行動持續下去。其中一個例子是飲酒。如果你飲用大量你喜歡的飲料，可以帶來持續的快樂。你啜飲它時感到愉悅，也許會讓它在口中停留，感受口腔觸感後再嚥下，接著再啜下一口，如此這般繼續下去。它有一定的節奏，而你在這項活動中獲得的樂趣會維持這種節奏，但也會加以微調。

在飲酒的例子裡，我們知道很多關於飲酒的生理機制：各種肌肉協同工作，使飲酒的過程配合得天衣無縫。但在美感體驗方面，這是如何發生的？是什麼擔任相當於頸部肌肉的工作？畢竟，大多數美感體驗都沒有直接涉及到肌肉。

持續的愉悅藉由控制我們的注意力來激勵和微調我們正在從事的審美體驗。大多數美感體驗都沒有直接涉及肌肉，但卻和注意力非常有關。你看著那幅畫時得到的樂趣，會促使你的注意力繼續欣賞它。因此，要用持續的愉悅來解釋美感的愉悅，就應該說明我們的注意力是如何運用在美感體驗中。

我們應該好好釐清維持持續的愉悅的注意力是哪一種，其中一個重要原因來自女性主義電影理論。英國電影理論學者勞拉．穆爾維（Laura Mulvey, 1941-）在她極具影響力的文章〈視覺快感和敘事電影〉（Visual Pleasure and Narrative Cinema）中主張，主流電影幾乎總是試圖觸發「視覺快感」，而且往往是男性的窺視症的視覺快感。這些電影鼓勵觀眾認同的主角往往是男性，我們常常被鼓勵透過這位男主角的眼睛去看出現在這些電影中的女性。這種高度性慾化的「男性凝視」，據穆爾維所述，構成了敘事電影的視覺快感。

不管怎麼說，這種「視覺快感」都是持續的愉悅，它會鼓勵我們繼續看下去，但它顯然與美學所談論的那種無私的美感愉悅截然不同。因此，愉悅這種解釋確實需要多討論一些，以區分美學和非美學的愉悅。而且，這個解釋有很大一部分和愉悅支持的心理活動有關，這也和我們注意何事，以及我們如何注意，有很大關係。

情感？

定義美學領域的第三種方法側重「情感」。一般認為，美感體驗是種情感的體驗。因此，了解美感經驗觸發了什麼樣的情感，就等於了解是什麼讓美感經驗不同於其他類型的經驗。

愛爾蘭小說家艾瑞斯．梅鐸（Iris Murdoch, 1919-1999）將文學及藝術全體視為「一種訓練過的技巧，用以激發特定的情感」。上世紀最有影響力的藝術史學家之一喬治．庫伯勒（George Kubler, 1912-1996）則說過，用簡單的方式去想藝術，就是把它當作「為情感體驗而製作之物」。就藝術社會學的角度來說，這定義在庫伯勒寫下此文的一九五九年可能比較有說服力，但到了二〇一九年則不然。畢竟，當代藝術大部分都努力要盡可能地遠離我們的情感，偏好純粹的知性、有時是純粹知覺的欣賞，例如觀念藝術（conceptual art）[3]和歐普藝術（op art）[4]。但是，如果我們將梅鐸和庫伯勒的主張視為只關乎美感經驗而非關乎藝術，那就等於將美感經驗視為僅僅是情感經驗。

問題是：什麼樣的情感參與其中？所有美感經驗中都有相同的情感嗎？或者會因為我們欣賞的對象、欣賞的方式，而產生不同的情感？

更極端的觀點是，在所有美感體驗中，我們所擁有的情感都是相同的。如果我們產生那種情感，那就是一種美感經驗，反之則非。但這種「美學情感」是什麼？候選者不少，從驚奇、感動到對形式特徵的思考。但是有很多美感經驗的例子和這些情感都無關。

美感經驗明顯的特徵之一就是多樣性：美國大峽谷和爵士歌手比莉・哈樂黛（Billie Holiday）的歌曲，兩者的美感經驗涉及了非常不同的情感。想找出一種在這些情況下都會產生、包羅萬象的情感，就等於忽視或掩蓋了美學的多樣性。

即使是同一個對象，在不同的情況下也會引發截然不同的情感。我聽過關於藝術的最奇怪的故事之一，來自我一個非常要好的朋友。她每次與某人第一次約會後，都會去舊金山的現代藝術博物館，坐在馬克・羅斯科（Mark Rothko）的一幅巨幅畫作前，想搞清楚自己對這位潛在的新愛侶有什麼感覺。這不只是一個用來思考某個人的環境，而是她對畫作的反應染上了這次約會的色彩。她告訴我，這幅大型抽象畫在這幾次的情境下所喚起的情感，是非常不同的。如果一幅畫的美感體驗可以產生如此多樣的感受，那麼所有的美感經驗又怎麼可能被歸入

3. 編註：主張作品所牽涉的意念比當中的物質性甚至傳統美學更為重要。
4. 編註：用光學的技術營造出奇異的藝術效果。歐普藝術作品的內容通常是線條、形狀、色彩的週期組合或特殊排列。

特定一種的「美學情感」之下呢？

儘管如此，不可否認的是，美感體驗可以是，而且經常是一個情感的事件。藝術可以讓你流淚，大自然也可以。所有美學傳統，包括伊斯蘭、印歐、日本和中國的美學，都談及了美學與情感之間的聯繫。

任何對美感體驗的解釋都需要認真看待情感。但這並不意味著情感就是美學經驗的取捨條件。只有美學經驗是喚起情感的嗎？顯然不是。性、毒品和搖滾樂也很有可能喚起情感——甚至可能比我一直使用的一些美學例子更感人。可以說，在某種意義上，我們所做的幾乎所有事都充滿了情感。因此，在尋找美學的特別之處時，強調情感不會有太大的幫助。

相反地，美學經驗總是帶情感的嗎？葡萄牙詩人作家費爾南多．佩索亞（Fernando Pessoa, 1888-1935）將他的美學經驗描述為「沒有思想或情感地漂流，只和我的感官有關」，這聽起來是一種熟悉的美學經驗形式，情感在其中並不重要。至少在某些美學經驗中，占主導地位的是感官，而不是情感。

即使是所謂「美學情感」的例子之一：對形式特徵的思考，也可以被認為是一種知覺的，而非情感的事。例如，美國藝術評論家蘇珊·桑塔格（Susan Sontag, 1933-2004）將美學經驗描述為「抽離、寧靜、沉思、無情感、超越憤慨及認同」。

情感可能不是使美學經驗具有美感的原因。但是美學的情感解釋仍然很重要，因為它們凸顯了情感如何成為美感體驗的關鍵部分。任何對美學的解釋都需要訴說情感和美感體驗是如何（也往往是）交織在一起的。

為了欣賞而欣賞？

蘇珊·桑塔格談到美學經驗是抽離的。不僅抽離情感，也抽離憤慨、認同和實用考量。這是用來區分美學和非美學最後一個受歡迎的候選者：審美體驗就是為了其本身的緣故。我們體驗美，不是為了實現其他更遠大的目標。我們這樣做只是為了被美所感。

這個說法有很多種變化。有些人談論其本身的價值：我們有了一種美感體驗，就會為了它本身的價值而重視我們正在體驗的東西，亦或是體驗本身。這種解釋的路線我不多做討論，因為我甚至不確定我們體驗美感的時候是否在評價什麼東西，更不用說是為評價而評價了。無論如何，這會取決於一個人對價值的解釋，而我絕對不會在這裡搬石頭砸自己的腳。當我凝視在一束陽光中舞動的塵埃時，我珍視的是什麼？微小的塵埃？還是我珍視自己的經驗？珍視自己的經驗意味著什麼？我喜歡擁有它？為它豎起大拇指？如果我們可以不依賴價值的概念來塑造「因為它本身的緣故」這種說法，那就真的有努力的價值。

但是我們可以避免談論價值，而是聚焦在美感欣賞時為何我們會做那些事。我們是在努力達到其他目標，還是單純只為了它本身？如果我為了通過文學課的考試而讀小說，那就是做某件事（閱讀小說）以達到另一件事（通過考試）。如果我只是為了閱讀而閱讀，那就更接近美學的領域。但即使我是因為文學課而開始閱讀，美感體驗還是可以發揮作用。在這種情況下，我不是純粹為了閱讀本身，但我還是以美學的方式欣賞它，而且也不代表我的欣賞就必然比較沒有美感。以這些媒介為案例，顯示「為欣賞而欣賞」並非美學界的聖杯。

還有另一種方式捉住虛無縹緲「因為它本身的緣故」的精神。有些行為只有在抵達終點或目標時，才有意義。去做這些事是為了實現某些目標。這些事應該被完成，你不能只做一點點。例如在四小時內跑完馬拉松。

這種類型的行動有兩種選擇：達到目標，或者沒達到。要是沒達到，你受挫折的渴望會導致更強烈的渴望，這些渴望很有可能也會導致挫折。如果達成了，那麼四小時就是為了輸家而存在的，新的目標是三小時又四十五分鐘，然後是三小時半。如此這般，永遠有更高的山要爬。

幸運的是，並非所有行為都是這樣。有些活動可以只做一點點，即使沒有完成，還是有意義。去做這些事不是為了達成目標，就像為了跑步而跑步。

我們做某些事是為了獎盃，而有些事則是為了行為本身，這兩者我們都需要。很少人的工作是可以在沒有達成某種目標的壓力下，單純享受做這件事的過程。一定會有目標、截止日期、晉升標準等等。即使在空閒時間裡，我們做的很多事還是針對某個非常具體的目標。例如，我們做菜的最終目的是為了讓朋友們享用，而不是漫無目的。所以，我們無法避免為了達到目標而從事的活動，但我們必須在為了達到目標而進行的活動，與為了過程本身而進行的活動兩者之間取得平衡。

美感欣賞不是為了拿獎。要是進行得順利，它是一種為了過程的活動。你不是為了得獎而去做。即使你沒有持續下去直到達成目標或抵達終點，也還是有意義的，因為它沒有目標或終點。你可以只是看一下一幅畫。這種行為沒有自然或非自然的終點。美感欣賞是一種開放的活動。

所有對於美感欣賞的說明都需要解釋這一項重要特徵：它是沒有終點的，是一個過程，而不是一種奪獎活動。但這也不會是區分美學與非美學的終極界線。我一直聚焦在像是看一幅畫這樣的例子，這種行為真的沒有終點。但在其他美感欣賞的例子裡，是有終點的。奏鳴曲和電影有個非常自然的終點，就在它結束時。我們可以在結束之後再繼續思索它，但在某種非常重要的意義上，體驗本身是有終點的。在這方面，這樣的美感欣賞與持續注視著繪畫，非常不同。

因此，為了過程而做的活動雖然是某些美感欣賞活動的重要面向，但並不是所有美感欣賞的普遍特徵。我們可以在美感欣賞的類別內加以區分：有一些是目標導向的，有一些則不是。但是缺乏目標導向性，並不能斷定它不屬於美感欣賞。

這樣說來，性、毒品和搖滾樂的問題何解？就和以愉悅為中心的說法一樣，強調為做而做，也把性和毒品引發的經驗類別區隔開。英國作家阿道斯．赫胥黎（Aldous Huxley, 1894-1963）寫了一整本書，講述了他本身由毒品引起的經驗，是如何抽離，正如美學欣賞的抽離經驗一樣。同樣地，我認為這是對待性和毒品的正確方式，亦即其中一部分應該屬於美學領域。儘管如此，美學的這四種標準方法，仍然未能讓我們清楚地明白這個領域的起點和終點。

「為欣賞而欣賞」的說法清楚地抓住了美感欣賞的一個重要面向，但這並不是唯一重要的面向。不管美學和非美學之間區別的最終解釋是什麼，都必須抓住為了做而做、不需要終點的行為之重要性。

注意力？

我們從「美」的解釋中學到，要是我們不採用美容沙龍的方式，美學常常與感受到某事物為美有關，在這裡，「為美」只是暫代我們經驗中某些特徵的空格，不論哪種美學解釋都有待填補這個空格。以情感為中心的解釋，強調情感在我們感受中的重要性，但仍然需要弄清楚：美感欣賞是如何被情緒所影響。

基於愉悅的解釋強調了持續的愉悅的重要性，但如果不能指出這種持續的愉悅和何種形式的注意力有關，那就不算完備。至於「為欣賞而欣賞」的說法，只要我們放棄價值的概念，強調無終點、抽離、重視過程的活動的重要性。

我認為，這些說法都指向同一個方向，亦即美學的特別之處在於我們在美學的經驗中運用了注意力。這可以幫助解釋，為何感受某事物為美是美學，以及是什麼讓這種經驗充滿情感。在以愉悅為基礎的說法中缺了注意力這一塊；而談到將注意力用在抽離、無終點的活動上，則抓住了「為欣賞而欣賞」這種說法的重點。正如法國作家馬塞爾．普魯斯特（Marcel Proust, 1871-1922）說過的：「注意力可以有多種形式，而藝術家的工作就是喚起其中最卓越的一種。」

第三章

經驗與注意力

所有具有美感的事物，它們的共同點非常簡單，就是你運用注意力的方式。這經驗也可能是由毒品引起，或者與性慾有關，或者兩者兼具。這樣的事不常發生，即使是你盯著傑作看的時候也一樣。

注意力造成的差異

還記得《金手指》（*Goldfinger*,1964）嗎?它是最好的龐德電影之一。電影描述熱愛黃金的壞蛋金手指哈瑞，計劃把諾克斯堡的聯邦黃金儲備全數炸毀。圖1就是他。

這是一部老電影，但如果你最近這幾年看過這部電影，一定會注意到反派角色金手指和美國第四十五任總統川普驚人地相像（見圖2）。

一旦你看出了這種相像，就很難把它拋在腦後。這樣一來，會讓你在看這部

圖 1　金手指哈瑞，龐德電影裡的大壞蛋。（圖片來源：AF archive/United Artists/Alamy Stock Photo.）

圖 2　唐納．川普（Donald J. Trump），美國第四十五任總統。（圖片來源： A Katz/Shutterstock.com.）

電影時覺得很煩，特別是想到金手指為了增加自己持有黃金的價值，而炸毀聯邦黃金儲備時。至少對我來說，這會讓我無法享受這部電影。

有沒有注意到金手指和川普很像，會有很大的不同，它會對你的美學經驗產生重大的影響。由此可見，我們注意到藝術品的哪項特徵，有多麼重要。注意不相關的特徵可能會破壞我們的體驗。

在這個例子中，這種注意力轉移引起的美感差異很可能是負面的。但也不盡然都是如此。

注意到相關的特徵能徹底改變你的體驗，就像十六世紀布勒哲爾（Pieter Bruegel the Elder）的法蘭德斯山水畫一樣（見圖3）。這幅畫有一半是地景、一半是海景，採用漂亮的對角線構圖，中央是個正專心耕田的農夫。古樸典雅的日常場景，不是非常戲劇化——直到你讀到畫作標題：〈伊卡洛斯的墜落〉（*The Fall of Icarus*）。

圖 3〈伊卡洛斯的墜落〉，約 1555 年，藏於布魯塞爾皇家藝術博物館。（圖片來源：FineArt/Alamy Stock Photo.）

什麼？伊卡洛斯在哪裡？我沒有看到有人在墜落啊。這個農民與那個戲劇性的神話故事有什麼關係？於是，你細看畫作尋找伊卡洛斯的蛛絲馬跡，然後你找到他了（或者至少是他的腿，因為他剛剛掉進水裡）——就藏在右下角的大船下方。

我猜現在你的體驗非常不同。雖然在你之前的觀賞體驗中，伊卡洛斯的腿所在的這部分並非特別突出，也許你甚至連看都沒有看它一眼；但現在，畫面中其他的一切似乎都和它有某種關聯。

也許你以前覺得這幅畫雜亂無章，但注意到伊卡洛斯的腿會把畫面整合起來。不管怎樣，看起來這就是布勒哲爾在近五百年前想要造成的效果。

還有一個例子是關於音樂的。在音樂中，你是否注意到低音，會產生巨大的影響。但在某些情況下，這種差別更為突出。史上第一部卡農是約翰·塞巴斯蒂安·巴哈（Johann Sebastian Bach）的《音樂的奉獻》（*A Musical Offering,*

1747），它是一部類似賦格曲的雙樂器演奏曲。但其中有個妙處：這兩種樂器演奏完全相同的旋律：一個是由前往後，另一個則是由後往前，從結尾開始倒著往前演奏。

如果不看樂譜，很難發現這一點。然而，一旦你注意到它，就很難不注意到音樂中的這個特徵。而這正是巴哈創作這首曲子的原因——用來炫技。注意到這個特徵可能會產生正面的美感差異。

另一個不那麼菁英主義的例子是情境喜劇《追愛總動員》（*How I Met Your Mother*, CBS, 2005-2014）。這部情境喜劇有九季、二百多集，其中大部分的內容都是關於夢幻情侶巴尼和羅蘋的複雜戀情和婚禮。最後一季完全在講他們的婚禮。然而（注意以下有雷！）到了最後一集大結局的最後兩分鐘，執行製作決定拆散這對夢幻情侶，讓羅蘋回到泰德的懷抱。

粉絲們憤怒了，這個結局被選為當年度電視上最爛的時刻。這個最後一刻的大轉彎讓很多《追愛總動員》的鐵粉燒了相關商品和紀念品，但它也達到了其他效果。要是你能強迫自己再看一次完整九季劇集，就很難不用截然不同的方式看待故事的發展。泰德和羅蘋之間的相處會更容易吸引你的注意力。你也會注意三個角色之間的張力，和你不知道結局時會注意到的事，大不相同。

這個技巧被廣泛運用在劇情片中。讓觀眾在電影上花更多錢的方法之一，就是讓他們再看一次。想達成這種效果的電影，會在最後揭開一些會讓一切不同的事，以至於你抱著不同的認識第二次看這部電影時，會產生非常不同的體驗。克里斯多福・諾蘭（Christopher Nolan）的《記憶拼圖》（*Memento*,2000）和《全面啟動》（*Inception*, 2010）就是知名的例子，還有很多其他的例子。直到最後你才會知道發生什麼事。當你第二次看這些電影時，你會以非常不同的方式觀看，因為你會注意到的故事特徵相當不同。

我舉另一個例子，這次和藝術無關，是關於我吃過的最糟糕的一餐。當時我妻子即將生下我們的第一個孩子，我趕緊開車送她去醫院，然後回家收拾住院所需的東西。我快餓死了，但我又想盡快趕回醫院，所以我在打包的同時，把一些吃剩的中國菜放進微波爐。結果食物太燙了，但是我來不及等它冷卻，只好硬著頭皮吃下去，也燙傷了我的嘴巴。這不是什麼很棒的美食體驗。但是我只花三分鐘就出門了！

我說那是「吃剩的中國菜」，但實際上它是鎮上最好的中國餐廳的剩菜，我們前一天晚上在那裡吃晚餐，食物真是美味。我不會說那是我吃過的最好的一餐，但還是一頓相當不錯的餐點。但隔天就不是這麼回事了。差別在哪？顯而易見的答案是注意的地方不同。當時我要注意的事很多：拼命忙著把尿布和包巾塞進行李箱，而食物不在我注意的事當中。

你的注意力放在哪，對你的整體經驗有很大的影響。也對你對藝術作品的體驗有巨大的影響。它會完全破壞你的體驗，例如你下次觀賞《金手指》的時候（抱歉啦！）。又或者它可以使你的體驗更上層樓。並且在某些情況下，它會直接挑戰你，讓相同的藝術品看來有巨大的不同，端視你注意何處而定。

不過，對任何對美學感興趣的人來說，注意力問題變得極其重要。不僅對學術哲學家和藝術史家來說如此，對所有人來說都是。想像一下，你正坐在博物館裡，試圖理解你面前的藝術品。你應該注意哪裡？你面前的藝術品有很多特徵；不用說，它是一位藝術家創作的，而創作者有很多話要說。你是否該注意該藝術品中藝術家認為重要的特徵？或者你只要注意語音導覽告訴你的內容？

當我們欣賞一件藝術品時，我們總是會忽略它的一些特徵，而將注意力集中在其他特徵上。我們忽略畫作上的裂縫，將注意力放在繪畫表面的其他特徵；我們把裂縫抽象化、忽略掉。在看巴洛克時代重建的羅馬式教堂時，為了欣賞中世紀的結構，我們可能會嘗試忽略巴洛克元素。同樣的，我們試圖把藝術品的某些特徵抽象化、忽略掉。

但是，要如何知道應該注意一件藝術品的哪些特徵、又應該把哪些特徵忽略掉、加以抽象化呢？這恐怕沒有簡單的答案或速成的捷徑。注意力可以成就或破壞你的美感享受。它可以是危險的（如《金手指》的例子）；但如果以正確的方式處理，也可以非常有益於美感。我們應該更多方嘗試了解自己關注什麼，以及在美感欣賞中是如何使用注意力。

注意的焦點

透過知覺心理學，我們對於注意力已有很多的認識，也知道它可以對我們的體驗產生巨大的影響。近期最知名的注意力實驗就清楚證明了這一點。在這個實驗中，你會觀看一群人打籃球的短片：有一支球隊穿著白色衣服，另一支球隊穿黑色衣服。你的任務是計算白隊傳球的次數。實驗時，有超過一半的實驗對象沒有注意到，有個穿大猩猩服裝的人走進畫面、做出有趣的手勢，在畫面中出現整整七秒，然後才離開。如果你沒有執行計算次數的任務，就會立刻發現大猩猩。由此可見，你關注的事，會對於你是否在螢幕上看到一個穿著大猩猩服裝的人，產生重大的影響。這種現象有一個奇特的名字：「不注意視盲」（inattentional blindness）。

關於這個實驗，有一件有趣但很少被提及的事：如果你計算另一支球隊（穿黑衣的）傳球的次數，就不會發生視盲。這是有原因的，因為大猩猩的服裝是黑色的。如果你注意穿白衣的球隊，其他一切就變成雜訊，包括另一支球隊、運動場、大猩猩的服裝。你會把它們忽略、過濾掉。

但是當你注意黑衣隊時，你會注意到大猩猩的服裝，因為它也是黑色的。這不意外。當你想攔計程車時，你看到的車只有兩種：黃色的、不是黃色的，或視你所在城市的計程車顏色為何而定。那些不是黃色的汽車就好像根本不存在一樣。它們是雜訊，要被過濾掉。在《威利在哪裡？》（*Where is Waldo*）系列書中尋找威利時也是這樣：任何不是紅白色條紋的東西都只是障眼法，應該直接忽略它。

我們大部分時間都花在注意我們看見的某些特徵上，而忽略了其他部分。當我們要執行某些困難的任務時，例如快速解決填字遊戲，就會忽略很多東西，包括我們聞到的、聽到的，以及視野內的大部分的東西，除了填字遊戲以外，以免分散注意力。人類生來就容易忽視。

如果沒有這種將周圍世界的大部分拒之門外的驚人能力，我們將何去何從？我們的思維能力有限，如果想專注於某件事，就需要忽略其他一切。大多數的時候，我們確實需要專注在一些事上：我們的早餐、上班的車程、工作本身等等。

我們相當了解人能做到這一點的心理機制。視覺的處理即使在最初的階段，也是高度選擇性的——只處理與那一刻相關的資訊，其他的一切都被捨棄。大猩猩的一些特徵被捨棄，因為它與手頭的任務無關，因為任務只和注意白隊做的事有關，任何黑色的東西（包括大猩猩）都變成背景特徵。

你的經驗取決於你注意何處。如果你轉移注意力，你的體驗也會跟著改變。你在同一個音樂廳的體驗會大不相同，取決於你是在尋找空位，還是在人群中尋找朋友。在前一種情況下，所有人都會融入背景中，空座位會浮現；在後一種情況下，與你朋友相似的面孔會浮現。兩者確實是非常不同的體驗。

但是注意力又是如何表徵我們的美感體驗？在這裡，我們不僅要談我們「注意什麼」，還要談論我們是「如何做到」的。注意有很多種方式，其中有些方式比起其他的，更有利於擁有（至少某種）美感體驗。

注意的方式

非注意視盲研究帶來的重要一課是：所有我們不注意的事，都不會出現在我們的經驗中，因為我們對它視而不見。當我們不注意大猩猩，就不會看到大猩猩——在我們的經驗中，大猩猩完全不存在。因此，不注意任何事，就等於沒有得到任何經驗。

如果你在美食餐廳享用了美味料理，卻是在需要給老闆留下深刻印象、重要的商務午餐之際，那你就不太可能享受這頓午餐。就享用美食而言，它可能和一頓平凡的晚餐沒什麼不同。你的注意力被轉移到別處，而不是在食物上。注意力是種有限的資源，只能給某些事物。

視覺科學家和心理學家把注意力做了基本的區別，就是注意力可以是集中或分散的。當你同時想跟上螢幕上五個不同點的軌跡時，注意力就會分散。如果你只跟著一個，注意力就會集中。在描述和理解所謂的「視覺搜尋」任務時（例如尋找威利之類），這是心理學中最常見的概念。

這區別來自我們注意的對象有多少，但是每個對象都有許多不同的特徵。我的咖啡杯有顏色、形狀、重量等。我們可以注意同一個對象，但注意到它的不同特徵。注意杯子的顏色或注意它的重量，可能會產生很不同的經驗。如果你將注意力從杯子的重量轉移到杯子的顏色，你的體驗就會發生變化。因此，就像我們可以選擇注意一個或是五個對象，我們也可以選擇注意一個對象的某個特徵，或是五個這種特徵。

所以我們就產生不是兩種，而是四種不同的注意方式：

1. 一個對象，一個特徵
2. 許多對象，一個特徵
3. 許多對象，多個特徵
4. 一個對象，多個特徵

這很棒也很合邏輯，但實際上第三種不是選項——這不是我們構建視覺系統的方式。將我們的注意力同時分布在五個不同的物體上是很困難的。事實上，即使在最理想的情況下，我們也只能持續不到一分鐘，在那之後，精神就完全耗竭了。五個對象是我們的絕對限制：如果不是五個，而是六個不同的對象，我們就無法做到。因此，將注意力分散到不同對象上，會給資源帶來嚴重壓力，即使我們只想找一個特徵。想注意多個對象的多個特徵，是絕對行不通的。我們最終會失去注意力當中的某些對象、或某些特徵。

但其他三種注意方式我們都很熟悉，就用廚房檯面上的所有東西來舉例吧。你可以挑選其中一個東西，例如一個咖啡杯，並注意它的顏色。這就是注意單一對象的單一特徵。你也可以注意那些剛好是紅色的東西，這就是注意許多物體的單一特徵。你可以注意咖啡杯，但不需放大任何特定的特徵。

注意單一對象的單一特徵經常發生，就在每次我們執行一些需要精確的任務時：例如削蘋果，此時我們只對蘋果的一個特徵感興趣，而忽略其他所有特徵（例如它的顏色）。注意許多對象的一個特徵發生的次數更頻繁，例如每次我們在找東西的時候。

當我要找計程車時，這就是我在做的事。我在尋找所有汽車的一個特徵：是否是黃色的。穿過機場趕上航班也涉及這種注意方式：我注意的對象有很多，包括所有擋在我路上的人和行李箱；但對我來說，只有其中一個特徵很重要，就是如何繞過它們。所有其他特徵都無關緊要，都會被忽略。例如，我不關心有多少乘客留著鬍子。

不太常見的是注意單一對象的多個特徵。當你在欣賞一幅畫，或在美食餐廳盡情享用非常昂貴的餐點時，就是只注意一件事：你正在吃的食物或欣賞的藝術品。但問題是，對食物或是畫作，你注意到的特徵是什麼。

選擇很簡單：你可以完全沉迷於並投注在你看到的單一特徵。有時這是執行某些困難任務時必要的。但你也可以注意一個對象的許多特徵，這就會讓事情變得有趣了。

注意單一對象的許多特徵，並不能保證美感經驗，但這是一個很好的起點。當詹姆士．龐德拼命想拆除一顆定時炸彈時，他不知道哪個部分的功用是什麼，他注意的是一個對象的許多特徵。但我想，這應該不會是他想要重複的體驗。

除了注意單一對象的許多特徵，我們還需要自由和開放。詹姆士．龐德做的事：忙著將他超級集中的注意力從炸彈的一個部分轉移到另一個部分，想找出一種方法讓它停止。他很清楚自己需要做什麼，只是不知道該怎麼做。他注意到許多特徵，但他對這些特徵的注意力如剃刀一般敏銳。

當我們想要經歷某種美感體驗時，我們所做的正好相反：我們並不是在尋找任何特別的東西。我們注意眼前這個不太尋常的場景其中的多個特徵，但我們並沒有試圖集中注意力在特定的特徵，或是某群特徵上。我們的注意力是自由而開放的。

我已經做了很多區別，但現在只有一種對我們來說很重要——就是注意力是否開放，或者我所謂「專注的」。所有開放的注意力都是分散的，但並非所有分散的注意力都是開放的——詹姆士·龐德的例子就不是。如果我們想要有開放的注意力，分散注意是一個好的開始，但還不足夠。

削蘋果的時候，我們的注意力是專注的。當然，對專業削蘋果的人來說可能不是，但對我來說肯定是。它專注於一個對象的一個特徵。這是專注且集中的注意力。當我們在招計程車時，注意力也會集中在所有汽車的一個特徵上：黃色。但龐德的注意力也是專注的，是集中在這顆炸彈上。這是專注且分散的注意力。這些經驗都不是開放的注意力，也都不怎麼有趣。

視覺科學所做的最開頭的區別是：注意力是集中還是分散。但是分散的注意力並不能保證就是開放的。當你要找計程車時，注意力是分散的（跨越不同對象），但根本不是開放的。龐德的注意力也是分散的（跨越不同特徵），但不是開放的。我把「開放的」注意力這個標籤，保留給將注意力分散在單一對象的多個不同的特徵上、且心中沒有特定的目標。

就長期來說，專注令人筋疲力盡。開放的注意力是一種放鬆大腦、或至少放鬆感知系統的形式。我們的感知系統真的喜歡時不時地放鬆一下。

我們用健身來舉例。你可以只鍛煉你的二頭肌，著迷地一遍又一遍，這相當於將你的注意力集中在一個特徵上。但是你也可以同時鍛煉多塊肌肉，例如在跑步機上鍛煉二頭肌，這就對應到注意同一對象的許多特徵。但是這兩者都不是開放的。

運動當然對你有好處，但每天、無時無刻都在運動就太過頭了，你也需要放鬆。放鬆不代表一動也不動，而是比如說悠閒地漫步在街上，運動你的許多肌肉，但每種肌肉都不過度使用。這就相當於開放的注意力。

有個很大的區別是：很少有人整天都在健身。但我們大部分時間都是專注的，否則就會有很多掉了的盤子、灑掉的牛奶和交通事故。所以，當我們不必絕對專注時，就要格外小心，因為這些寶貴的時刻很少見。

就像你的身體在不訓練任何肌肉時需要休息一樣，當不需要專注時，感知系統也需要休息時間。剛走出健身房就開始訓練不同的肌肉，是很愚蠢的事。所以當我們不需要專注時，在這些寶貴的時間用更多的專注力來避開交通堵塞，或努力不要搞砸自己的升遷機會，是很愚蠢的。開放的注意力是大腦的停機時間，沒有它，生活會很艱難。

我並不是說美感體驗只和放鬆感知系統有關，但如果感知系統被過度使用，美感體驗就不太可能發生。開放的注意力是特別的，它讓我們能比較畫中兩個看似不相關的形狀、追蹤小提琴旋律如何與鋼琴旋律對位，或者注意餐點的食材之間的和諧或對比。這種注意方式至少是某些美感體驗的特別之處。

但並非全部。雖然某些美感體驗似乎是開放的體驗，但這種表徵可能根本無益於指出你最強烈的美感經驗。你的某些強烈的美感體驗，可能與專注甚至集中的注意力有關。並非超然，而是對所見對象的強烈依戀。正如法國前衛電影製片人丹妮埃爾・懷勒（Danièle Huillet, 1936-2006）所說：「我們希望人們在我們的電影中迷失自我。那些關於『疏離』的言論都是胡說八道。」我之後還會提到這一點，但至少一些典型的美感體驗與開放的注意力有關。

認知的自由

在許多美學情境中，注意力是自由且開放的。詹姆斯・龐德試圖拆除炸彈時，他的注意力既不自由也不開放。他顯然不能自由地去注意炸彈的所有特徵：例如，去注意他正在考慮要切斷的幾條電線其顏色是否和諧，就太愚蠢了。很明顯，這不是一個開放的過程。

開放的注意力與自由，這兩者的聯繫不僅是隱喻而已。當我們的注意力是開放的，我們沒有在尋找特定的東西。我們發現了東西會很開心，但沒有特定的任務需要完成。這並不代表我們不感興趣，只是不需要去找什麼特定的東西。採用這種開放的方式注意，解放了我們的感知。

當我們看著一幅從未見過的畫時，我們的注意力往往會在畫的眾多特徵之間游移：看看這裡，看看那裡。但是我們不清楚想要尋求什麼。如果這是搜索，那麼它就是沒有限制、沒有禁區的搜索。所有，或幾乎所有東西都可能是有趣且有關的。

我們非常擅長忽略我們所看到的一切，以便關注重要的事物。但是當我們的注意力開放時，你將會發現這是一種比專注的注意力更難以預料的狀態，也正是這種難以預料的性質，讓它更顯得珍貴。

注意是一種行為，是我們清醒時一直在進行的行為。和所有其他行為一樣，我們有時自由地進行，有時則不那麼自由。大多數時候不是那麼自由。大多數時候，注意力都有禁區。事實上，當我們集中注意力時，絕大多數區域都是禁區。我們不需注意的部分不過就是令人分心的事，它超出了限制區之外。

但是當我們的注意力開放時，它就可以自由地漫遊。這種自由也解釋了注意力在美感情境下運作時的許多重要特徵。比如說，你無法藉由數到三，然後就隨心所欲地讓注意力自由。這種嘗試要軟化注意力，讓它更加開放的行為，本身就使用了專注的注意力，這與開放性背道而馳。努力不去努力並不容易成功。

此外，開放的注意力需要時間。如果你匆匆忙忙，那就不太可能會發生。這當中的原因很容易明白。當我們匆忙時，注意力的開放性就會受到威脅。我們不能讓我們的注意力自由地遊蕩，因為我們需要在三十秒內完成這件事。

請把注意力想像成奶油。它是一種有限的資源，但可以不同的方式使用。可以薄塗，也可以厚抹。如果把它分散在許多可能有趣的特徵上，它就會變得很薄，也就是每個特徵僅分配到稀薄的注意力。這些特徵得到的關注比較柔軟、溫和、比較不銳利。更令人愉快。

美感注意力

開放的注意力是美感體驗的一個重要特徵。但這是成敗的關鍵嗎？不大可能。它捕捉了世界上非常特定地區（粗略地說，是「西方」）、在非常特定的時期內（大約是過去的幾百年），一種非常有影響力的美感體驗形式。我們幾乎沒有證據顯示中世紀的人們是否會用上開放的注意力，更重要的是，在當前沉迷於智慧手機的時代裡，它可能會逐漸消失。沉迷手機對開放的注意力不太有助益。前衛行為藝術家瑪莉娜．阿布拉莫維奇（Marina Abramovi, 1946-）說過：「如今，我們專注的時間比電視廣告時間還短。我們一直同時在看六、七個問題。」這聽起來一點也不開放。

費爾南多．佩索亞、蘇珊．桑塔格或馬塞爾．普魯斯特這些人，精彩地寫出美感體驗是開放式的，了解他們談的是什麼樣的體驗很重要，但這並不是唯一能被視為美感的體驗。儘管如此，認真看待注意力的作用，也可以幫助我們談不這麼開放式的美感體驗。

當我們有美感體驗時，我們不只注意看到的對象，還會注意體驗的品質。重要的是，我們會注意兩者之間的關係。大多時候，我們都在注意周圍的對象，而沒有注意到我們對它們的體驗。例如，交通堵塞時，我會傾向注意我前面的車、綠燈轉紅、行人擋在路上。

然而，我們也可以注意一下，看看某個對象對我們的影響。這代表著關注的對象以及我們對於該對象的體驗品質如何，兩者之間的關係。這不代表我們要將目光轉向內在、完全只被自己的經驗吸引。重要的是，注意的對象，以及我們對這個對象的體驗品質，二者都在我們的注意力當中。

舉一個非常平淡的例子：當我們看一顆蘋果時，可以注意蘋果的特徵，也可以注意我們對蘋果的體驗的特徵，又或者我們可以同時關注兩者，以及兩者之間的關係。以第三種方式注意，我認為是美感體驗的關鍵（甚至可能接近萬用的）特徵之一。

費爾南多．佩索亞曾用非常相似的詞彙描述美感體驗。他說：「真正的體驗在於減少你和現實的接觸，同時加強你對這種接觸的分析。」加強分析與經驗對象的接觸，就是我所謂的注意經驗對象與我們的經驗品質之間的關係。

有許多方法可以留意經驗對象與我們的經驗品質之間的關係。在本章的大部分內容裡，我談到有個具體的方法可以實現這個目標，就是透過開放式注意力；但這不是唯一的方法。開放和不受限制的注意力帶來的結果之一，就是我們的注意力可以自由漫遊；不僅注意到感知對象的特徵，也注意到我們的經驗的特徵。

在第一次約會前選擇要穿什麼，與你的體驗品質有關——你會站定、照照鏡子，看看你眼前的一切讓你有何感覺。可能同時還有很多其他的事——你可能會試著猜想約會對象的反應，以及他的反應會不會和你的反應不同。但無論你做什麼，都必然涉及你注意的對象，以及你對該對象的體驗品質，此二者之間的關係。

同樣地，你花了幾個小時才爬到山頂，終於能環顧四周。當然，你會注意到腳下的景色：原野和河流。但不僅如此。如果這就是你注意到的全部，那麼在攀登上所花費的時間就是不值得的。你還會注意到自己的體驗，這可能會染上成就感的色彩。

那丹妮埃爾．懷勒堅持她想要觸發的體驗又是如何呢？那是一種讓人投入其中、且不是開放或超然的。投入其中，並不意味著我們所吸收的體驗完全不相關。當我們投入其中時，往往非常清楚自己被吸引住——我們不僅享受吸引我們注意力的東西，還享受著被吸引的體驗本身。所以，這也是注意我們所感知的事物和我們所感知事物的體驗，這兩者之間關係的另一種方式。

雖然開放的注意力在美感體驗中的重要性可能是一種特別「西方」的事，但注意感知對象與該體驗品質之間的關係，這樣的主題可以在許多非「西方」的美學傳統中找到。一個非常明顯的例子是Rasa——梵文化美學的核心概念。它不僅影響了印度的藝術思想，也影響了印尼甚至東非部分地區的藝術思想。

Rasa經常被轉譯為：品味我們所經驗的情感。這裡的味道不僅是隱喻而已——在這種傳統中的藝術體驗，是一種用上我們所有感官模式的多模式體驗。但對於我們的目的而言，關鍵在於「品味」的概念。品嚐美食意味著你要注意不同體驗間的對比與和諧間的關係，也就是要注意不同的味道如何影響你。在前文提到勉強吞下隔夜中國菜的例子裡，所缺少就是這個。Rasa 理論將我所說的美感注意力視為藝術作品體驗中最重要的部分之一。

但有人可能想知道，這是否會讓美感體驗變得太廉價：我也可以在拔智齒的同時注意我的體驗品質。我真的可以。我也可以注意牙齒和我的疼痛之間的關係，但這並不會讓這種體驗變成一種美感體驗（哎）。

現在，我們可以把是什麼讓美感體驗變成美感這個難題拼湊起來了：它是我們運用注意力的方式。那是一種運用注意力的特殊方式，可以描述為看到某事物而覺得美。注意力可以（但不一定）受情緒掌控。

我們從「為欣賞而欣賞」的說法中學到，在美感領域中超然和開放的重要性，我們可以從幾乎無設限的自由和開放的注意力中證明這一點。從前文我們也可以知道，訴諸於愉悅的說法還欠缺對於美感注意力的解釋，這也正是我在此企圖填補的。

最後，該回到性、毒品和搖滾樂這問題上了。在許多與性相關的經驗中，我們關注的是我們所感知的事物與我們的體驗品質之間的關係；而毒品也是如此（赫胥黎對他的仙人掌之旅的生動描述，也與此有關）。所以我們沒有理由不認為這些體驗屬於美感。

在古老、現在顯得有些陳舊的關於感知的討論中，反覆出現的一個主題是：感知是透明的。這只是代表我們以透過乾淨的窗戶看東西的方式，透過我們的經驗看出去。經典說法是：如果你盯著一個番茄看並試著注意你對番茄的體驗，你就會自動開始注意番茄本身。所以體驗本身是透明的──你透過它看東西。

當你因為想吃番茄而看著番茄時，情況可能是這樣，也可能不是。我的主張是，當這與番茄的美感體驗有關時，情況就大不相同了。在這種情況下，你不僅注意番茄，還會注意對番茄的體驗的品質，以及這兩者之間的關係。美感體驗並非透明。

第四章

美學和自我

為什麼我們要花很多錢去聽一場音樂會或買一本書？為什麼我們要花幾個小時烹調一頓美食？為什麼我們要消耗大量的精力爬到山頂？我的回答是，我們做所有這些事，都是為了獲得對自己而言很重要的經驗。這些經驗對我們是誰、我們認為自己是誰來說，都很重要。

究竟有多重要？最近的實驗研究顯示，大多數人都認為自己對音樂和電影的品味是我們最重要的特徵之一，衣食品味則緊追在後。想像一下，你明天醒來變得比現在聰明得多，或者傻得多，那你還是你嗎？或者想像一下，你醒來時變得更善良、更瘦、變成共和黨員，或者變得對瑜伽不太感興趣，那你還是你嗎？

根據調查結果，這些變化很難與醒來時的音樂品味與過去完全相反相比。我們傾向於認為我們對音樂的品味，比我們的道德、政治甚至宗教觀都更重要。

改變美感，改變自我

我們的音樂、電影和藝術品味對我們來說非常重要。不只這些，還有吃東西的品味、喝的咖啡種類、穿著的方式等等。我們將個人的美感偏好，視為我們是誰的重要組成部分。

但是這些偏好的變化之快出人意表，而且經常在我們沒有注意到的情況下變化。根據最近的某些研究結果顯示，中年人的美感偏好最固定，而年輕人以及（令人驚訝地）老年人族群的美感偏好則較不固定。但即使是最固定的年齡組，在他們真正關心的美學領域中，其美感偏好至少每兩週會發生一次重大變化。

我們喜歡認為自己沒有太大變化，或者就算變了，也是在我們的控制之下。但這一點大錯特錯，我們幾乎無法控制自己改變的方式和程度。

就拿一種被廣為探討的心理現象來說，也就是「重複曝光效應」（mere

exposure effect）。你對某事物接觸越頻繁，你就越喜歡它。僅僅是接觸某些事物，就會改變你的偏好。即使你不知道自己接觸的是什麼，這種效應也會發生。

重複曝光效應會影響你對人物、歌曲、顏色甚至繪畫的喜好。在一個實驗中，康乃爾大學的一位心理學教授在介紹視覺科學講座的幻燈片中，放了一些看似隨機的圖片，你會突然看到雷諾瓦（Renoir）或莫里斯（Morris）的畫，但沒有得到任何解釋，它只是作為裝飾而存在。

雖然這些畫作似乎是隨機出現的，但它們是實驗的一部分，其中一些比其他的更常出現。然後在研討會結束時，學生被要求替顯示的圖片評分。比起只出現一次的圖片，他們系統性地給那些較常出現的圖片更高分。這些學生中很少有人說他們記得之前看過這些圖片。

即使你對這種曝光一無所知，也會發生重複曝光效應。關於重複曝光效應的一項重要發現是，即使是無意識的曝光——例如，如果刺激閃現的時間很短（少於二百毫秒），或刺激被遮蓋（巧妙地隱藏起來）——也會增加正面評價的可能性。這些發現讓人很難不感到些許不安。我們可以控制自己接觸到的音樂和藝術類型，但無法完全控制。要找到沒有音樂的公共空間，是越來越難了。咖啡廳、購物中心，甚至電梯，都有音樂，而在這些地方接觸到的音樂，會在你的喜好上留下印記，這應該很難讓人感到開心吧。

我們在音樂、電影、食物、服裝和藝術方面的美感偏好，對我們來說非常重要，而它們可以、且確實會以一種我們無法控制的方式改變。如果你是自由爵士樂的樂迷，自認是自由爵士樂的愛好者，那麼在超市裡接觸小賈斯汀的音樂，會讓你對小賈斯汀歌曲獨特的音樂風格更喜歡一點點，而且你很可能對此毫無意識，這影響是潛移默化的。

如果個人的偏好可以在我們不注意的情況下被劫持，那麼關於「我們是誰」，有很大一部分似乎只是隨機曝光下的產物。我們對此毫無防備。年少輕狂的時候，我總是故意閉著眼睛走過博物館的普普藝術展廳，但這麼做很困難，而且有點危險。至於音樂，想不被影響就更難了。個人品味會產生變化，對此我們無能為力。這樣的發現讓人不安，而這樣的不安顯示美感領域對自我來說有多麼重要。但我們不能忽視美學與自我之間這種緊密的關聯。

經驗抑或批判

大部分「西方」的美學都和有見識的美學批判有關。美學批判是針對特定物體是美麗優雅抑或醜陋噁心的陳述，通常只說給自己聽，但有時也說給他人聽。但我們絕大多數的美感欣賞都不是這樣的。如果是的話，就很難解釋為什麼我們如此關心所有美感的事物。我們之所以觀看長達三個小時的電影，或在山上進行一天的徒步旅行，並不是為了對電影或風景做出有見識的審美批判。如果要認真看待美學在我們生活中的重要性，就要將重點從美學批判轉移到更有趣、更讓人滿足、更常發生在我們身上的美感欣賞形式。

我們不會為了發表美學批判而去聽音樂會或花幾個小時烹飪。很難理解為什麼美學批判會對我們如此重要，做出美學批判真的沒有那麼好玩，也不是特別讓人滿足。當我們做出美學批判並確實獲得某種樂趣的時候，例如排列出最喜歡的五本書或電影，然後發佈到社交媒體上，這種樂趣可能比較和這種判斷的交流有關，而和實際做出判斷較無關。在電影院看完電影後，與朋友就電影進行長時間而激烈的辯論，也是如此。

相較之下，我們在美感情境下經驗的這段時間的展開是有趣的、讓人滿足的，也是我們個人關心的事。這有時，但絕對並非總是，會在美學批判中達到終點，但這並非我們做這件事的原因。專注於體驗而非批判的主要優點之一是，它可以幫助我們理解：所有美感之物之於自我對個人的重要性和緊迫性。

但說起來，美學批判應該是什麼？你去博物館看一幅畫，坐在它前面，花二十分鐘看著它。然後你起身，針對它進行美學批判，然後跟你的朋友分享你的評論，或發表在部落格。你對這幅畫的體驗持續了二十分鐘，而批判通常發生在這個過程的最後，當然你也可以在過程中做出批判，之後也可能會修改。「西方」美學主要關注過程結束時的批判，而不是那二十分鐘體驗的時間開展，包括注意力的轉移、視覺比較等等。

美學批判甚至不會在每次我們欣賞美的事物時都發生。它是個非必要的特徵。假設我在這幅畫前待了二十分鐘，但我無法確定它的美學優缺點——那我就保留批判。這並沒有使我對藝術作品的美感欣賞變得不那麼讓人滿足、不那麼有意義，或甚至不那麼令人愉快。事實上，它有時可以讓你的體驗更加愉快。

關於美學批判與其他判斷有何不同，我已經說了很多。根據廣義的康德觀點，美學批判可能不僅是體驗的終點；它可能是貫徹始終的，並為我們的體驗本身增添色彩。但即使在這個看似更以體驗為中心的全貌中，最重要的還是批判。只要我們做出正確的批判，就能將我們引導到正確的體驗。正如第三章中大量談到的，注意力可以從根本上改變我們的體驗。但美學批判很少能做到這一點。就算我相信這幅畫美或優雅，我對它的體驗也不太會改變，更不用說會變得更好。

相較之下，注意畫中尚未被注意到的各種特徵，可以明顯地改變我的體驗。

如果我們認為，美學應該首先關注我們對藝術作品的經驗在時間上是如何展開（無論這種時間展開是否以美學批判達到高潮），那麼這種以美學批判為起點的泛論，就是種錯誤的推進方式。我們不應該假設自己知道所有美感事物的建構元素，只因它們是構成美學批判的基礎。我們應該檢視個人的美感欣賞或經驗本身，而不是從美學批判領域借用任何概念機制。

年輕時的美感體驗

這裡要舉幾個我個人的例子，顯示美學的重要性與有見識的美學批判幾乎沒有關係。還記得你第一次強烈的美感經驗嗎？當時你只是個孩子，還是十幾歲的青少年？那首讓你震撼的樂曲？那幅讓你屏息的風景？以下是我人生中的三個例子，請隨意將這些例子改成你年輕時的經驗。

展覽一：當時我十六歲，在舊的泰德美術館裡（當時還沒有泰德現代美術館），被克萊福特・斯蒂爾（Clyfford Still, 1904-1980）的畫作迷住了。我在它前面站了大概有兩個小時。當時我對克萊福特・斯蒂爾了解不多，只知道他是抽象表現主義畫家，僅此而已。我非常喜歡這幅畫，喜歡到隔天我沒有和高中班上同學一起參觀倫敦塔和議會，而是脫隊回美術館再看一次。

展覽二：我十五歲的時候，非常喜歡米開朗基羅・安東尼奧尼（Michelangelo Antonioni）的電影《春光乍現》（*Blow-up*, 1966），每週會去電影院看個兩三遍，把整部電影的對白都熟記在心。每一次，我都欣喜若狂地離開電影院，了悟一些重要的事，關乎愛情、表面和現實，以及其他深刻議題。

展覽三：十四歲的時候，我讀了一本書，被深深震撼：鮑希斯・維昂（Boris Vian）的《歲月的泡沫》（*L'Écume des jours*, 1947）。我邊笑邊哭，是我從未有過的感覺。

我想傳達的重點是：現在的我認為《春光乍現》是安東尼奧尼最糟糕的一部電影。《歲月的泡沫》充滿了我在十四歲時沒有機會理解的指涉，而且它的原創性遠不如維昂的其他小說。我仍然認為克萊福特．斯蒂爾很棒，但該美術館的館藏中還有許多其他偉大的藝術作品；只是出於某種原因，我愛上了這幅畫。

為了準備寫這一章，昨天我特地去了一趟泰特現代美術館，看看我有什麼反應。呃，反應不是很強烈。我還再次觀賞了《春光乍現》（用我的筆電，因為電影院好像不再放映安東尼奧尼的電影了），但大約二十分鐘後就關掉了，因為我實在受不了了。然後我讀了《歲月的泡沫》的英文譯本，讀了幾頁之後就放下了（平心而論，主要是因為翻譯的關係）。

當我第一次遇上這些藝術作品時，我對它們的美感體驗要強得多，也更讓人滿足；當時的我對藝術史、電影史或二十世紀法國文學史的了解比現在要少得多，現在的我對這些略知一二。我想現在的我比起十四到十六歲時的我，更能批判這些作品的美學價值。我現在可以做出更好的美學批判，但卻已經沒有當年那種熱情了。

以我的後見之明，我應該譴責十四到十六歲時我的美學批判嗎？但如果當時的我對這些藝術作品沒有如此強烈的感覺，我可能就不會對藝術產生興趣，也就不會擁有現在這些知識，可以用來憐憫十幾歲的我。

什麼是有見識的美學批判？就上文我稱《春光乍現》是安東尼奧尼最糟糕的一部電影為例，我們被告知，這就是應該有的美學批判力。十五歲的我對《春光乍現》的那種喜歡，不是美學的。

我的例子是用來說明，美學批判的成熟度和我們的美感經驗強度之間，可能（且經常）是不匹配的。由此可以得出一個結論：只關心有見識的美學批判會在美學的探討中遺漏一些真正重要的東西——美感欣賞是令人愉快的，而且它對我們個人具有一些重要性。我們關心美感欣賞——對此美學的簡單事實，若只關心有見識的美學批判，就無法做出公正的判斷。

經驗至上

我舉這些例子還有一個更重要的原因。我們已經了解到，並不是我們的美學批判越好，美感體驗就越強或越讓人滿足。這樣的結果之一是，我們應該在美學討論中包含強烈的、讓人滿足的、對個人重要的美感體驗，而不是為了專注於美學批判而犧牲這些體驗。但在非常不同的意義上，經驗也優先於批判。每一個有見識的美學批判都有賴於一些早期的經驗，這些經驗對我們來說是讓人滿足的、很重要的，但根本就不是有見識的。

當你走進博物館裡有許多畫作的展間，快速環顧四周時，也許你喜歡其中一些畫作，但不喜歡其他的。你不知道誰畫了哪幅畫，所以不可能做出任何有見識的判斷。但正是這種最初的喜好決定了你要接近哪幅畫，並花更多的時間去探索它。我們能夠有立場做出任何所謂的有見識的美學批判，唯一原因是因為我們之前喜歡上某些藝術品——也許只是幾秒鐘前，或者幾十年前——這就是為什麼我們要欣賞這件而不是那件藝術品。

我十幾歲時的經驗（非常正面、非常有益，對我個人來說非常重要）和我現在的批判（批判該作品有點平庸、不是很讓人滿足、對我個人來說不重要），後者就是所謂有見識的美學批判。然而，如果沒有前者，後者就不可能發生。問題是：要怎麼解釋早期的美感欣賞在美學上的愉悅？如果我們只討論美學批判，就很難回答這個問題。不可能是因為成熟的美學批判，因為早期的美學批判根本不成熟也沒有見識。也許早期強烈而讓人滿足的體驗是完全不恰當的、無關乎美學，但這樣看來，似乎這種不恰當、無關美學的反應與我們美感偏好大有關係，因為我目前的美感偏好在很大程度上是青少年時那些美感體驗的產物。

這不是個瑣碎的問題。這樣說讓這問題顯得更要緊：如果有見識的美學批判澆熄我的熱情，那我為什麼要關心它？它們既沒有為我帶來任何樂趣，對我個人也沒有重要性。如果結果導致接觸藝術的樂趣減少了，那我們為什麼還要學習藝術史和二十世紀法國文學史？

有種方式可以解決這個難題。美學批判並沒有那麼有趣。在我十幾歲時那種天真的批判，抑或現在這種有見識的批判，都不有趣。一般來說，做出批判很少會讓人感到滿足、娛樂或愉悅。另一方面，體驗可以是非常讓人滿足、有趣、愉快的。同樣，發表批判也不太會讓人覺得是對個人有意義的事，但我們會認為經驗是對個人有意義的事。所以美學應該是關於經驗，而不是關於批判。這些經驗可以帶來批判，讓我們可以與他人交流，這是一個很好、可選擇的附加要素，但也不一定非產生批判不可。

我們花費大量時間和金錢欣賞藝術品，並不是因為我們想對它們進行美學批判。我們這樣做，是因為在欣賞藝術品時所獲得的經驗是令人愉悅的、讓人滿足的，並且對個人具有意義。不是批判，而是經驗。

我們應該盡量擺脫一般美學批判的概念，無論這種批判是否有見識。欣賞藝術品的目的很少是為了提出美學批判，美學理論應該尊重這一事實。我們應該關注的是個人美感經驗的時間展開，而不是以表達美學批判為終點。正如蘇珊·桑塔格說過的：「藝術作品之所以為藝術作品，是在於體驗，而不是作為宣言或問題的答案。」

為什麼要批判？

為了將美學理論的重點從美學批判轉移到美感欣賞的時間展開，我們首先需要理解，為什麼美學家會痴迷於美學批判。

原因之一顯然來自歷史。「西方」美學的關鍵概念一直是美學批判，至少自大衛・休謨（David Hume, 1711-1776）二百五十多年前出版《品味標準》（*Of the Standard of Taste*, 1757）一書以來，便是如此。

再怎麼強調休謨對英美哲理美學的影響也不為過，他明確地談到兩個不同的人對品味判斷的方式之間的差異。他用以下故事（借用自唐吉訶德）作為例子：有兩個人喝了同一種酒，並被要求判斷酒的品質。其中一個說它有一種明顯的奇怪皮革味，另一個人認為它有一種令人不快的金屬味。休謨故事的重點是，雖然我們可能認為這二者的判斷中，至少有一個是完全錯的，但在檢查葡萄酒時，他們發現了一個附有皮革片的小鑰匙；所以他們兩人都是對的。

我將在第五章再談到這個故事。但現在，對我們來說重要的是，儘管休謨在這裡明確強調了感知辨別的重要性，但他主要關心的是這兩位葡萄酒鑑賞家的美學批判。對他們來說，他們對葡萄酒的體驗在時間中如何展開並不重要（儘管對於葡萄酒的體驗如何隨時間展開有很多可說的）。唯一重要的是，他們提出的美學判斷——以及這兩種判斷是如何相關。

正如我們將在第五章中讀到的，休謨如此關注批判有重要的哲學原因；但他對美學領域的影響力也說明，他的假設——美學關注的核心是理解美學批判——並未受到質疑。

批判在美學中占主導地位的另一個重要歷史原因，與語言哲學對一般哲學（特別是美學）的強烈影響有關。美學批判是一種我們對自己或他人的宣言，而語言哲學對這種宣言有很多話要說。所以美學批判對於有很強語言哲學訓練的美學家來說，是個熟悉的主題。相較之下，使用語言哲學的概念工具組來分析「經驗」，就不是那麼容易了。

走向全球

如果將我們視為是美學的範圍，從嚴格的「西方」美學擴大到全球美學，那就很難不指責這種以判批為中心觀點的特質。「西方」之外的絕大多數美學傳統，根本就不怎麼關心美學批判。他們關心的是人們情緒展現的方式、感知改變的方式，以及美感欣賞與社會參與互動的方式。

最極端的例子來自伊斯蘭美學，尤其是蘇菲派傳統中的伊斯蘭美學。伊斯蘭美學不同於「西方」美學傳統的一個面向是，它強調世界不斷變化的本質，特別是我們對藝術作品的體驗。接觸藝術的特別之處在於，我們對這些不斷變化的、閃爍的體驗的讚賞。例如，某些建築物特意在我們環繞四周時提供不同的視角，常常還會藉由水中稍縱即逝的倒影進一步加以強化。這種傳統對美非常感興趣，但不是以批判的方式，而是以一種可以用人們感知系統的運作來解釋美的方式。它強調我們的經驗本質是不斷變化、瞬息萬變的，使得做出固定批判的嘗試成為不可能。

我們也談過 Rasa 理論是有關品味多種模式的情感經驗，而不是加以批判——在 Rasa 中幾乎沒有談到批判。在 Rasa 理論中罕見地提到我們所謂的美學批判，只是為了表明固著和僵化的批判，實際上會如何有礙於品味我們的體驗。最後，舉一個有點晦澀的例子：在亞述—巴比倫美學中被稱為Tabritu的關鍵概念，經常被翻譯為「讚賞」和「敬畏」，但它的定義非常明白，就是對作品的感知體驗，其中包括「重複和連續觀看」。再一次，重點是經驗的開展，而不是批判。在「西方」傳統中，美學批判發揮了如此重要的作用，此一事實從歷史上來看，其實還蠻奇怪的。

美學批判的概念主導「西方」美學，其中一個不那麼歷史、但更重要的原因是，美學批判是可以傳播的。當我們的美感有分歧時，就是對美學批判有分歧——我說這部電影很糟，而你說它很好。因此，為了理解我們欣賞作品的互為主體性及社會面向，就會需要爭論，需要專注在美學批判上。而第五章的主題就是美學的這種人際層面。

第五章

美學與他人

美學很少是一種獨自的努力。我們一起吃飯、和朋友一起去博物館、一起為我們的公寓挑選家具。我們去聽音樂會或看電影時，身處的空間裡擠滿了與我們有著非常相似經歷的人。我們是社會人，很少有美學情況是沒有任何社會面向的。

此外，如果兩個朋友在聽同一首歌時有相似的體驗，這可能是他們之間的重要連結。如果你和朋友看同一部電影，一人的經驗很糟，而另一個人的經驗很興奮，則可能會讓彼此疏遠。

美學上的一致和分歧

有點遺憾的是，在「西方」美學史上，在討論美學的社會層面時，一直被一個問題，而且是唯一的問題所支配：美學上的一致和分歧。

約翰．里頓（Johnny Rotten）還是莫札特（Wolfgang Amadeus Mozart），哪個作曲家比較好？這個問題會引起直覺：莫扎特比較好，每個人都知道。這樣的美學共識毫無疑問。就算沒有共識，也應該要有。更喜歡約翰．里頓的人都欠缺知識。他們應該多聽聽莫扎特的音樂，然後就會了解自己走錯路了。

從某種意義上說，拿約翰．里頓和莫扎特相比很蠢。可能很少會發生有人（認真地）站在約翰．里頓這邊，另一個人則為莫扎特辯護，兩人激烈地辯論直到夜深。但我們確實經常爭論美學的問題——事實上，這是我們爭論的最重要的事之一。是巴哈（Bach）還是韓德爾（Handel）？是芙烈達．卡蘿（Frida Kahlo）還是迪亞哥．里維拉（Diego Rivera）？或者，如果這些看起來太高冷，那是披頭四還是滾石樂團？是《歡樂單身派對》（*Seinfeld*）還是《發展受阻》（*Arrested Development*）？《玩命關頭》（*Fast & Furious*）的哪一集？還有，不談藝術的話，是韓索羅（Han Solo）還是天行者路克（Luke Skywalker）更有吸引力？巴黎比巴塞隆納更漂亮嗎？深烘焙還是淺烘焙的咖啡豆？牛排要三分熟還是五分？諸如此類。

以下是解決此類分歧的兩個明顯選項。一種是：我們可以同意不同意。你喜歡這個，我喜歡那個；我們都不對，或者更確切地說，我們都對。另一種選擇是：我們當中的一個人完全錯了。這兩個選項的合理性將取決於我們選擇哪個例子。約翰・里頓對上莫札特的例子，很容易讓人支持第二種選項。芙烈達・卡蘿和迪亞哥・里維拉的例子，則可以視為是支持第一種。

拿美學上的分歧與較平淡事物的分歧相比。如果我們看著同一幅畫，我說它是方形的，而你說它是三角形，我們當中（至少）有一個人錯了。但是，如果我們看著同一幅畫，並且我們不同意它的美學品質，事情就沒那麼清楚了。

這種比較明顯是「主觀的」分歧。如果我們看著同一幅畫，我說它讓我想起我的祖母，而你說它沒有讓你想起你的祖母，那麼這兩種觀點還是一致的，就算我們的祖母是同一人也一樣。我是對的，你也是對的。

問題是，美學上的分歧是接近「正方形與三角形」這種分歧，還是「是否讓我想起了我的祖母」這種分歧？「西方」美學的一些核心論述，就試圖在純粹「主觀的」分歧（例如我祖母這種）和純粹「客觀的」分歧（例如形狀這種）之間，鑿出一個中間的位置。

還記得休謨的鐵鑰匙與皮革片的故事嗎？他之所以提出這個比喻，就是為了解決美學上的一致和分歧問題。兩位葡萄酒專家意見不一，一個嚐出鐵的味道，另一個嚐出皮革味。但事實證明，兩人都是對的。他們都是對的，但不是因為對品味的判斷完全是「主觀的」，而是因為他們對品味的判斷有一個「客觀」的基礎：帶皮革片的鑰匙。但是，如果第三位專家加入了聚會，說這酒有硫磺味，那他就錯了。對品味的判斷，比起是否讓我想起祖母這種判斷，受到更多限制，但比起對形狀的這種判斷，則限制較少。

美學不是為了監管

美學分歧辯論來到這裡，總會出現一個可疑的詞彙：規範性。這種想法是，美學批判具有某種規範力。在欣賞某些對象時，我們應該做出某種判斷。如果我們不做出這種判斷，就是錯了，我們沒有做出應該做的事。

一般的想法是，美學領域在這方面和道德領域類似，兩者都是關於我們應該做什麼，和我們實際上做什麼無關。道德告訴我們是否應該撒謊、偷竊或成為素食者。美學告訴我們應該在什麼時候、擁有什麼樣的美感體驗。

規範性是關於我們應該做什麼。而我們的美學生活在很多方面是很有規範的。我自己也一直（並且會繼續）做出相當具有規範性的聲明：美學不應該以「西方」為尊。要談一些根深柢固的美學習慣時，很難不做出至少具有某種規範性的聲明。例如：音樂作品的演奏者應該將他們的演奏視為某特定音樂作品的表演，而不僅僅是演奏隨機的音符。當我們談論美學領域時，「應該」這個詞隨處可見，在本書中也隨處可見。

儘管如此，我再怎麼強調也不為過，美學不是一門規範的學科。倫理學的某些部分可能真的與規範性主張有關。這樣說吧，倫理學的一個分支被稱為「規範倫理學」（normative ethics），所以這會是一個很好的例子。但美學不是。美學主要不是關於我們應該做什麼，它是關於我們在什麼情況下、實際上做什麼。

你可以期待倫理方面的作品說服你是應該吃素或繼續吃肉，但是你不應該期待任何美學作品會給你這樣的建議。美學不是試著告訴你應該做什麼、應該欣賞哪些藝術作品、忽略哪些。這種對美學的思考方式可以大大消除許多藝術家對美學作為一門學科的強烈不信任，他們經常覺得美學告訴他們什麼是可以做的，什麼是不可以做的，更重要的是，什麼樣的反應才適合他們的作品。

倫理學有一些分支可能和在道德問題上監管你的行為有關，但美學不是為了監管你的美感反應。你的美感反應就是美感反應，不應該讓任何人來監督。因此，我們應該以極大的懷疑，看待美學中出現規範性這類詞彙。

這也適用於美學分歧辯論中的「規範性」等詞。這種常見的想法是，美學批判或美感評價具有「規範力」。這會有很多種意味。可以意味著你的美感反應可能是正確的、也可能不正確。如果你喜歡不該喜歡的作品，那你就錯了。如果你不喜歡傑作，那你又錯了。面對某件作品，你應該有特定的情感或美感反應。如果你沒有，你的美感反應就不是應該有的樣子。你有這種反應是錯誤的。

如果你不喜歡這種美學思想的專制色彩，那麼重要的是，要意識到這幅樣貌深植於一種非常特殊、並且非常以「西方」為中心的美學思維中。很容易就能看出如何對美感批判做出規範性的聲明。批判可能是對的，也可能是錯的，而且往往是錯的。但是，如果我們對經驗感興趣，而不是對批判感興趣，那麼我們怎麼可能制定規範性的聲明呢？以下是一個嘗試。雖然經驗沒有對錯之分，但它們可以是準確的，也可以是不準確的。例如，感知錯覺是不準確的。就像你可能會因為太暗而誤認物體的顏色一樣，你也會有一種虛幻的美感體驗。

至關重要的是，這一論點只有在認同我所謂的美容沙龍方法時才有效。這種方法認為，讓一種體驗成為美感是因為它與美的事物有關，並且在美和不美的事物之間有一條明確的分界線。當我們有不準確的美感經驗時，會將美的事物視為不美的，或將不美的事物視為美的。

但我們已經看到，美容沙龍式的美學方法，並不是很有吸引力的觀點。使經驗具有美感的，並不是它與美的事物有關；使它具有美感的，是你運用注意力的方式。運用注意力的方式並無準確或不準確之分。因此，儘管體驗可能是準確的或虛幻的，但使它們具有美感的因素，與它們的準確性無關。它和運用注意力的方式有很大的關係。

讓我們回到美感分歧的爭論上。問題在於，美感上的分歧更像是對繪畫形狀的分歧（你說三角形，我說方形），還是像是否讓我想起我祖母這種分歧？但光是提出這個問題，也等於認同美容沙龍的美學方法是理所當然的。

如果美感欣賞的重要因素與感知對象的特徵無關，那麼以其他特徵（如形狀，或是它是否讓我想起我祖母）的分歧加以比較，就毫無意義。

當你和我在看同一件藝術品或同一幅風景時，我的體驗可能與你大不相同。但是，將這種差異定義為分歧，要嘛是強調美學批判（而不是經驗），要嘛就是要我們完全採用美容沙龍的方法。

你和我在同一件藝術品或風景前是否有不同的體驗，這對我們很重要。這比起形狀、或讓誰想起他們的祖母這種分歧更重要。將美感欣賞的社會層面簡化為美感分歧，對美學在我們的日常生活和日常社交互動中的重要性不夠尊重。

我要舉一個有點尷尬的例子。美學的社會層面在一個人年輕時似乎特別重要，比如說，年輕時我們傾向與喜歡相同音樂的人在一起，並鄙視喜歡不同音樂的人。我高中時（眼睛長在鼻子上，就如同在第四章中提過的），在德國度過一個夏天，據說是為了學習德語。我真的很喜歡一個德國女孩，她也很喜歡我，我們的關係在多次出遊之後萌芽，然後她邀請我去她家。我記得當時進到她家後看到的第一個東西是一張巨大的艾羅斯．拉瑪佐第（Eros Ramazzotti）的海報，因為她是這位義大利流行歌手的粉絲。

這就出現了明顯的美學分歧。姑且這樣說吧，我不是艾羅斯．拉瑪佐第的粉絲，但我撐過了這點小插曲。但當她調暗燈光並放上一張艾羅斯．拉瑪佐第的光碟以增加浪漫氣氛時，我就受不了了。關於美學問題的意見分歧是可以容許的；但要被迫對艾羅斯．拉瑪佐第的音色產生共同的浪漫體驗，那就太超過了。

美學上的分歧很重要，這一點毫無疑問，但是否共有美感經驗則更重要，而且沒有正確或錯誤的美感體驗方式。

這並不意味著任何東西都屬於美學。有些藝術作品顯然試圖喚起非常具體的反應，如果你有相反的反應，那麼就有些不對勁了。假設你正坐在博物館裡你最喜歡的畫前，你沒有獲得你知道你可以、而且在某種意義上應該在這幅畫前會獲得的體驗。在某種重要的意義上你失敗了，但這種失敗不需要監管。正如我們之前提過的，藉由將某人的注意力吸引到某些特徵上，可以改變一個人的美感體驗。比起打擊異者，這是處理經驗差異比較好的方法。缺乏監管不會導致無政府狀態。如果我們幸運的話，它會帶來對話、和平共處和多樣性。

再回到規範性及其濫用上。有種更溫和，但殺傷力一點也不遜色的規範性訴求，是訴諸於美感評判的普世性。某樣藝術品不只是要求你有某種美感反應，而是當你有美感反應時，你會無條件地假設其他人也有、或至少應該有同樣的反應。這是伊曼努爾·康德的觀點，對「西方」美學產生了持久的影響。

我對康德的哲學在智識上的成就感到敬畏，也想盡量用禮貌的方式表達，但這是美學史上最傲慢的想法之一。如果你無條件地假設其他人應該和你有同樣的反應，那麼你就嚴重低估了人類的多樣性和孕育人類的文化背景多樣性。任何時候只要我們認為（或假設、感覺）我們所做的任何事情具有普世吸引力或是可以普世傳播，此時就該停下來、實行我所謂的「美學謙遜」——思考我們的立場和文化背景，若與這星球上千差萬別的文化相提並論，是多麼偶然。我將在第七章回到這些主題上。

現實生活中的美學分歧

關於美學的一致和分歧，真正問題不在於誰對誰錯，而是關於我們如何分配注意力、我們的背景信念、知識，以及過去所接觸的事物，會如何影響我們的經驗。一但了解我們的經驗會因為這些而改變，將十分有助於解決美感分歧。

我曾經擔任影評人，這份工作的好處之一是可以參加電影節；我就經常擔任評審團成員。擔任電影節的評審有其迷人的一面：和知名演員見面、入住高級飯店等等。但這有時也是一種令人筋疲力盡、且往往令人火大的經驗。

你和另外四個人一起擔任評審，他們通常來自世界各地，對電影的品味與你截然不同。但是你們必須就哪部電影應該獲獎做出決定，而且一定有嚴格的截止日期。你必須在午夜之前給電影節主辦單位一部片名。已經是晚上十一點了，但你們對於任何一部電影都沒有達成共識。這是現實生活中的美學分歧，休謨對於解決這種分歧並無太大的幫助。擔任過幾次評審之後，關於美感分歧爭論的老調，在我眼中開始變得很不同。

這些評審會議上發生的事，不是在分享經驗，而是在於困難的美學批判。我們必須同意某部電影比其他電影好。事實上，實際運作的方式往往與此相反。首先，我們必須同意，有些電影顯然不能得獎；這還是比較容易的部分。但這樣一來，我們還剩下四、五部電影，這時就要拿刀出來了。

如何理性地說服另一位評論家，他喜歡的電影實際上缺乏原創、陳腔濫調？恐怕答案是無法，也不能。這些辯論毫無理性可言。而且可悲的是，獲獎的電影往往是沒有哪個影評人為之瘋狂、但所有人都可以接受它獲獎的那一部。

令人信服的不是理性，我很少看到影評人試圖訴諸理性。一些較有經驗的影評人試著採取某種形式的心理戰，早在陪審團討論之前，通常是在放映期間，就系統性地破壞、有時無意識地反對某些電影。這種心理戰也是非理性的，是在更情緒化的層面上進行的。但我不覺得整體而言這在美學上有何益處，除了學到影評人的狡猾之外……。

這些評審所做的事，幾乎只有試著讓其他影評人關注電影的某些特徵。這不像是批判繪畫或小說那樣清楚明瞭，因為電影是一門與時間有關的藝術。我們是在觀看電影的幾天之後決定，因此我們關注的不是電影本身，而是我們對電影的回憶。

儘管如此，幾乎所有的爭論實際上都是用來將其他影評人的注意力，引到一些尚未被注意的特徵上。注意這個特徵可能會產生負面的美感差異（當目的是排斥這部電影時）；但也可以產生正面的美感差異（據以說明為何這部電影比其他同領域的電影好）。

實際上這正是影評人該做的事，不僅在擔任評審時如此，在他們撰寫影評時也是如此。這就是好的影評人實際上做的事。不像美國具代表性的影評人寶琳・凱爾（Pauline Kael, 1919-2001）那樣，將批判視為一種藝術形式。不總結劇情、不講述和情節只有一點點關聯的童年記憶，也不用告訴我們他們喜歡什麼、不喜歡什麼。影評人的工作是將我們的注意力引到我們本來不會注意到的特徵上。注意到其中的一些特徵，可能會完全改變我們的體驗。

其中一些特徵可能是結構性的，例如，小說第十二頁的主題如何在第一百三十四頁再次出現，然後在第四百三十二頁和五百六十三頁又再度出現，以及這如何為原本非結構化的敘述提供了結構。還有一些可能和其他藝術作品的銜接有關，例如，一首樂曲引用了另一首樂曲的音調。注意其中的一些特徵，可能會讓我們的體驗更令人滿足，這也使得評論真的值得一讀。

以下是一個真實的例子：一幅十五世紀義大利的小畫，描繪的是天使報喜（見圖 4）。畫家多梅尼科・韋內齊亞諾（Domenico Veneziano, 約 1410-1461

圖 4〈天使報喜〉，藏於劍橋菲茨威廉博物館。（圖片來源：Granger Historical Picture Archive/Alamy Stock Photo.）

年）在畫中玩弄了軸線——對稱的建築偏離了中心，被推到畫面中間左側；而「動作」也偏離中心，但它是被推到右邊，而不是左邊。這三個對稱軸（建築、畫作本身以及瑪麗和大天使之間的軸）的交互作用，並不是每個人都能立即注意到的。但是當它被指出來並引起你的注意後，就會產生巨大的美感差異。

就數量而言，史上從未有過這麼多的評論，相關的部落格和網站就有數十萬個，一點也不誇張。但這一點只是更加顯明評論已陷於危機中。正如英國文學評論家特里·伊格爾頓（Terry Eagleton, 1943-）早在三十多年前（部落格出現之前）就義正嚴辭地指出：「現今的評論缺乏任何實質性的社會功能。要嘛是文學事業公共關係部門的一部分，要嘛是完全屬於學院內部的事。」有件事和當時不一樣，那就是名人評論家的出現，這些人（通常在現場觀眾面前）發表對電影、音樂和電視節目的意見，除此之外無所事事。但是，如果評論者只做他們收錢該做的事，也就是引導觀者注意可能會產生美感差異的特徵，那麼評論的社會功能是可以被恢復的。

法國小說家安德烈．馬爾羅（André Malraux, 1901-1976）說過，寫作藝術的主要目的不是為了讓讀者能夠了解藝術，而是讓他們愛上藝術。高談闊論藝術當然要容易得多，但評論家的工作是用一種說服人們喜歡上作品的方式，幫助讀者注意該作品。

現實生活中的美學一致

奇怪的是，我從擔任電影節評審中學到的另一件重要的事，不是美學上的分歧，而是美學上的一致。我發現自己一次又一次地同意一些評論家的觀點，儘管他們來自完全不同的洲，而且通常比我大五十歲左右。這讓我想知道，要如何解釋美學評判之間的這種趨同：一個是二十多歲住美國的匈牙利人，另一個是七十多歲住香港的阿根廷人。

我越來越常發現到，我和這些評論家在成長過程中，看的電影非常類似。我們喜歡電影節裡的同樣的電影，因為我們透過青少年時期看過的電影，已經傾向喜歡它們了。當時這只是一種直覺，但結果這種直覺有扎實的心理學研究支持。

正如前面提過的，重複曝光效應是眾所周知的現象，亦即刺激物的重複曝光會增加對該刺激物的正面評價機會，這種效應也存在於美感領域。但是重複曝光效應的結果有兩種，它們之間有個重要的區別。我在第四章中提到的實驗（康乃爾大學教授在課堂上展示看似隨機的印象派畫作投影片），是關於接觸一幅特定的畫作會讓你更喜歡那幅畫。但另一種重複曝光結果是近朱者赤、近墨者黑。所以，看過許多印象派繪畫，會讓你更喜歡你以前從未見過的另一幅印象派繪畫。這意味著，你之前看過的藝術品類型，會深刻地影響你會喜歡什麼樣的藝術品。

如果你在成長時期看過一九六〇年代形式主義的法國和義大利黑白電影，那麼你也會喜歡在某些方面（構圖或敘事）與這些電影相似的電影。無論你是在布達佩斯還是布宜諾斯艾利斯長大。

重複曝光效應在音樂中可能更加明顯。你在成長時期，主要是幼兒時期和青少年時期所聽的音樂類型，將會對你成年後被什麼音樂吸引，產生巨大的影響。音樂品味會發生變化，而且往往是劇烈的變化。但這並不意味著你過去的最愛完全被覆蓋，它們還是會影響你喜歡哪種音樂。

在第四章中，我談到單純曝光效應讓人憂慮的一面，因為我們的美感偏好會在我們沒注意的情況下產生變化，但重複曝光效應並不全是不好的。了解我們的美感偏好是如何奠基在我們特有的文化和感知背景上，有助於降低美學傲慢，推動我們走向美學謙遜。

美學謙遜

如果你從八歲開始就聽鞭擊金屬（thrash metal）音樂，那你的美感偏好會和那些只聽傳統印尼甘美朗（gamelan）音樂長大的人大不相同，這一點沒什麼好驚訝的。你會對細微差別很敏感，而甘美朗的樂迷甚至聽不見這種差別。你會注意到鞭擊音樂中很少有人會注意到的特徵。

如果我想搞清楚該聽「超級殺手」（Slayer）的哪張專輯，我可能會相信你的建議，而不是我的甘美朗鑑賞家朋友，因為你會是更可靠的來源。但事情不是到這裡就結束。鞭擊金屬的重複曝光效應，會讓你對某些音樂形式和節奏產生美感偏好，這可能會影響你和其他音樂作品的互動。

假設我讓你和我的甘美朗朋友一起聽一些二十世紀早期的維也納無調性（atonal）音樂，或是一些嚴重不和諧的紐約自由爵士樂，你們兩人都會喜歡其中一些作品、不喜歡另一些。但讓你喜歡這件作品而不是那件作品的部分原因，是因為你接觸了鞭擊金屬音樂。（我無意藉此貶低鞭擊金屬音樂；如果一個受過無調性音樂訓練的人第一次聽鞭擊金屬樂，也會發生同樣的事。）而那位受過加美朗音樂訓練的朋友，會喜歡不同的作品，因為她重複曝光在甘美朗音樂下。

你可能會說這裡有美感分歧。但是有嗎？這個例子顯示，我們的美感評判是出自過往接觸某些藝術品（及其他刺激）而來的特定觀點。這並代表我們的美感評判完全取決於過去接觸過的，但它會成為這些美感評判的準心，而且總是在其中出現。從這個意義上來說，評論者的文化和感知背景，成為他所有美感評判的連結或引子。你對無調性音樂作品的評價，和你的鞭擊金屬文化背景有關。我朋友對同一作品的評價，則與她的甘美朗背景有關。

問誰對誰錯是沒有意義的。如果美感評判與評論者的文化背景有關，那麼這裡就不存在美感分歧，因為你的評判可以歸類到鞭擊金屬文化背景，而那位甘美朗朋友所做的評判，則歸類到相當不同的文化背景。

這並不代表，在美學評判這回事上就不存在事實；也不代表在美學上什麼都行。這只代表一件事，那就是美感評判與評論者的文化背景相關。如果兩個評論者的文化背景完全相同，而他們意見不同，那確實是真正的美感分歧——有一個人是對的，另一個則是錯的。

我舉這個鞭擊金屬／無調性音樂的例子，是比較誇張。因為沒有人只聽一種音樂。即使你是鞭擊金屬樂的超級樂迷，也不能完全過濾掉其他音樂（比如商場裡播放的小賈斯汀）。但這並沒有弱化這個論點，也就是你的美感評判是由你的文化背景而來。由此得出的結論是，一個人在進行美感評判時，應該了解自己的文化背景。你的美感評判不是某種普世通用的標準，而是非常具體的事，根深蒂固出自你完全偶然的文化背景。所以我們對待所有美學的事物時，應該保持相當謙虛的態度。

第六章

美學與生活

美學和特殊的時刻有關。但是，這些時刻是否孤立於我們乏味的日常生活之外？我不這麼認為。要是你運氣好，早餐前可以有多達三種美感體驗。

但是藝術以及我們對所有美感事物的欣賞，也可以用更平淡的方式影響我們的生活。你穿得像你最喜歡的電影中的角色（你可能沒意識到這一點）、說出從情景喜劇中學到的詞句。正如前衛攝影師貝倫尼斯·阿博特（Berenice Abbot, 1898-1991）所說，觀看攝影作品有助於人們看見事物。美學與生活在各個層面上交織在一起。

生活是一件藝術品？

要談美學對我們生活的重要性，不代表一定要訴諸廉價的自我成長口號。一個非常主流又有影響力的想法是：我們應該把生活變成（或者把生活當作）一件藝術品。我想說清楚，我所說的和這種說法有何不同。

從約翰・沃夫岡・馮・歌德（Johann Wolfgang von Goethe, 1749-1832）、弗里德里希・尼采（Friedrich Nietzsche, 1844-1990）到馬塞爾・杜象（Marcel Duchamp, 1887-1968），現代「西方」的每個人，都認可這個比喻的某個版本。奧地利小說家、《沒有個性的人》（*The Man Without Qualities*）一書作者羅伯特・穆齊爾（Robert Musil, 1880-1942），甚至把這種自我成長的說法擴展到極限來調侃：

> 若一個人必須不斷地被所謂「假期」的洞干擾，這算什麼生活？我們會因為一幅畫過度要求我們欣賞它的美，因而在畫上打洞嗎？

如果你快速掃瞄，會看到在十九世紀時，藝術作品是精心構建的連貫整體，這種將生活當作藝術的想法，在當時可以說是具有某種意義。我可以看到有人努力將自己的生活變成珍・奧斯汀（Jane Austen, 1775-1817）的小說：有開頭、中間和結尾，就依照這個順序，而且有和諧、連貫且經常是動態的弧線，將這些串連起來。但是，如果把你的生活變成一部瑪格麗特・莒哈絲（Marguerite Duras, 1914-1996）寫的、什麼也沒發生的小說，或者只有可怕的事發生的羅貝托・博拉紐（Roberto Bolaño, 1953-2003）的小說，那這種做法就太可疑了。

更普遍的問題是，藝術已經變得太像生活了。事實上，過去半個世紀左右（至少自激浪派和波普藝術以來）的藝術運動口號，一直就是藝術不應該與生活隔絕。所以，如果藝術變得像生活，那麼，把你的生活變成一件藝術品，要嘛是毫無意義，要嘛就是純粹不合時宜。甚至還有一個視覺藝術的子流派，這一派藝術家會在他們的畫作中切出真正的洞，這使得引用穆齊爾的話變得更加有趣。

但也許我太不寬容了。也許這當中主要的想法不是說我們的生活應該變成一件藝術品，而是我們對待生活的態度應該像對待一件藝術品一樣。

這種方法也不是沒有優點。法國作家阿爾貝・卡繆（Albert Camus, 1913-

1960）在他被大多數人遺忘的小說《快樂的死》（*A Happy Death*）裡面提到：「就像所有的藝術品一樣，生活也要求我們去思考它」。這句話相當有力，但拿藝術品來類比其實是在轉移焦點。很多事情都需要我們去思考：哲學書籍、白宮發布的新聞、灰姑娘的鞋子在完美合身的情況下為什麼會神祕地掉落等等。

所以拿藝術品這方面和生活做比較，並沒有太大的幫助。雖然有些藝術作品肯定需要去思考，但是對《布蘭登堡協奏曲》（*Brandenburg Concertos*, 1721）或蒙德里安（Mondrian）的畫作，要有什麼樣的明確想法才是合適的反應？卡繆的金句並沒有為「渾渾噩噩地活著浪費生命」這種老調增加任何新意。

很多事物都可以是藝術。理解藝術品的方式有很多種，但沒有一種天生就比其他的好。因此，敦促我們把生活變成一件藝術品，或把生活當成一件藝術品，既沒有幫助，也沒有特別的意義。

自己生活的旁觀者？

還有另一種把美學與我們的生活聯繫起來的方式，我也不想太靠近。某方面來說，這種方式是「把你的生活視為藝術品」的另一種版本，但它是非常具體的版本。它的主旨是：對生活和藝術品的正確態度是：成為超然的旁觀者。正如奧斯卡．王爾德會說的，我們應該成為自己生活的旁觀者。

這種廣泛的想法在十九世紀和二十世紀的大多時候都非常有影響力。過去幾百年來在「西方」創作的許多藝術作品，顯然都是為了這種效果。我在本書中引用的許多文學巨匠（從佩索亞到普魯斯特）都非常明顯地認同這種美感欣賞的理念。就連對藝術的全包式主張非常敏感的蘇珊．桑塔格，也說出：「所有偉大的藝術都會引發沉思，一種動態的沉思」這種話，加入這股潮流中。

認真對待注意力在美感體驗中的作用，有個好處是，我們可以解釋為什麼這種超然的、沉思的體驗一直是重要的隱喻，但並非所有美感欣賞的必要特徵。桑塔格、普魯斯特或佩索亞談論的那種欣賞，可以描述成讓開放式的注意力自由漫遊在藝術品的特徵上。

正如我們所見，這種運用注意力的方式，是歷史上和地理上特定的美感體驗形式，與被貼上沉思標籤的那種體驗，有相當大部分的重疊。但這仍然只是一種美感體驗，不管它在二十世紀上半葉的歐洲影響有多大。美感體驗不必一定要超然、一定要沉思，也不必然和開放式的注意力有關。

鑑於一九三〇年代的政治動盪，許多原本「自己生活的旁觀者」這一想法的擁護者，變得十分懷疑這一點。法國小說家安德烈・紀德（André Gide, 1869-1951）於一九三四年，即希特勒掌權一年後，在他的日記中寫道：「今天仍然沉思的人，要嘛是表現出不人道的哲學，要嘛是表現出可怕的盲目」。

更廣泛地說，強調沉思似乎與藝術中不可否認的政治元素背道而馳。沉思通常被視為與非政治，在困難時期選擇沉思而非政治活動，通常會遭受質疑。

無論我們如何看待美學，都不應該自動將政治從美學領域中移除，也不應該將美學從政治領域中移除。強調沉思很容易導致政治和美學產生某種尖銳的對立，但這種對立不論在歷史或心理上，全然都是不精確的。

相反地，美學行為一直是、而且仍然是政治思想的重要載體。事實上，這是美學的社會關聯性的一個重要面向。我年輕時最難忘的美學體驗之一，是一九八八年反對俄羅斯佔領匈牙利的示威活動，當時完全出乎意料的是，我們可以在一大群人中自由地高呼：「俄羅斯人滾回去」，而不必擔心警察鎮壓。我真的很喜歡十九世紀法國作家斯湯達爾（Stendhal）對這種關聯的看法（同時也強調了注意力的概念）：「在文學作品中，政治就像音樂會中的槍聲。有點粗俗，但確實會讓大家馬上注意到。」

沉思自己的人生又如何呢？美好生活意味與生活有一種沉思的關係，這種想法與強調沉思的美感體驗脫不了關係。很容易就會發現一些更現代的自我成長學派，如斯多葛派（Stoic）、佛教復興派或正念派利用了沉思這一點，我們也看到當代藝術遠離了沉思。冥想在藝術世界中的作用逐漸減弱，正是因為這一點，使得正念行業很容易接管這個利基市場。

生活與美學之間的關聯，遠比陳腔濫調談論沉思來得更重要、更有意義。美感體驗可以幫助我們避免厭倦，可以教我們看待世界的新方式。

如何不厭倦

前面我談過影評人為我上的哲學課，但作為影評人也有令人沮喪的一面。你必須花很多時間與其他影評人相處，其中許多人已經做這工作幾十年。

也許是我運氣不好，但我不得不花很多時間和那些已極度倦怠的影評人在一起。他們（往往是大聲地）說自己有多喜歡電影，但我幾乎看不到任何蛛絲馬跡。他們抱怨我們一起看的每一部電影，即使是那些他們並不超級討厭的電影，他們仍然以一種在評審獎項或評論中可以討論的角度來觀看。

我放棄成為影評人，並決定過著不那麼光鮮的學者生活的原因，就是因為不想像他們一樣。我不想變得厭倦。我不想忘記電影或其他藝術作品是如何讓我感動、昇華。

但這些人做錯了什麼？他們怎麼會變得如此厭倦？用羅尼來舉例好了（這可能是、也可能不是他的真名）。羅尼是英國人——非常英國，他為英國頂級報社之一撰稿，也為英國幾乎所有優質印刷媒體兼職撰文。他並不年輕。他在巴黎度過了他的青年時代，在一九六〇年代的文學界和電影場景中打滾，與珍．夢露（Jeanne Moreau）[5]、尚盧．高達（Jean-Luc Godard）[6]等人來往。這就是他作為影評人身份的全部根源：他在電影史上這個充滿活力又激動人心的時期置身其中，在現在被視為經典的電影片場上，與演員們共飲。

儘管我們年齡有差距，但羅尼和我變成了好朋友，部分原因是我們對藝術和電影的品味驚人地相似。但是羅尼用他心愛的經典來衡量每一部當代電影，如果你把半生都花在電影節的巡迴上，而且你的工作是觀看當代電影，這種態度並不是特別有用。而且羅尼的態度在影評人中並不少見：我在這些圈子裡看過很多文化悲觀主義和對過去的美化。如果這些影評人觀賞老電影可以獲得樂趣，但觀賞新電影卻無法，那麼待在電影節巡迴上可能是在浪費時間。但也許他們根本沒有厭倦，他們只是看了不對的電影──至少一開始我是這麼認為的。

在芝加哥國際電影節的一個晚上，在特別艱難的評審決定和大量的杏仁酒之後，羅尼承認，他連觀賞他最喜歡的老電影時，也沒有樂趣了。他說他有時發現一些和其他電影的有趣連結，或者注意到一些細微差別，可以在評論或文章中發表。但是他已經沒有任何感覺了。可以理解，這讓羅尼非常苦惱。我也一樣。

5. 編註：法國新浪潮時期相當受歡迎的女星，亦是歐洲許多知名導演最愛合作的女主角之一。
6. 編註：法國知名導演，法國新浪潮電影奠基者之一。

從那時起，我意識到這是在專業藝術評論家、甚至藝術史學家當中，相當普遍的現象。恩斯特・貢布里希（Ernst Gombrich, 1909-2001）可能是二十世紀最著名的藝術史學家，他也處於完全相同的困境。他可以對幾乎有看過的畫作做出細緻入微的藝術和歷史分析，但這整個經歷讓他完全無感。

事實上，我驚恐地注意到這跡象也開始出現在我自己身上。我越來越不喜歡看電影了，尤其是當我必須寫一篇這部電影的評論時。而且我不得不承認，羅尼的非凡之處在於，他看完一部電影後可以坐下來，在十分鐘內寫出一篇一流的、複雜而知識淵博的兩頁評論。所以我心想，也許成為一名真正專業的影評人所要付出的代價，就是我們必須不再欣賞電影？這種可能性讓我感到害怕。也許享受藝術這件事，只適合業餘愛好者？真正的專業人士不會浪費時間在這上面？

我不認為我對這些問題有很好的答案。但我作為影評人的經歷，確實讓我了解羅尼和他的同僚們（包括我自己，至少有一段時間是）做的事：他們在電影院坐下時，對於將要看到的內容，有非常明確和固定的期望。

甜美的，還有不是那麼甜美的期望

期望是個好東西。如果不對周圍的事物抱有期望，我們就無以為繼。期望在我們接觸藝術的過程中起了關鍵作用：當我們聽一首歌時，即使是第一次聽到，我們對它接下來如何進展會有一些期望。當它是我們已知的曲調時，這種期望可能會非常強烈（並且很容易藉由實驗加以研究）。當我們在貝多芬《第五號交響曲》的開頭聽到「噠噠噠」時，我們會強烈地期待「噠噠噠答」最後的那個「答」。

關於期望如何影響我們對音樂、痛苦，以及一切的體驗，有很多科學研究。我們有許多期望是相當不確定的；當我們聽一首從未聽過的樂曲時，我們還是會對於曲調會如何進展有一些期望，但我們不知道究竟會發生什麼。我們可以排除小提琴滑奏會以鬧鐘的嗶嗶聲接續（除非是真的很前衛的作品），但我們也無法非常肯定預測它接下來會如何。我們的期望具有可塑性和動態；當我們聆聽樂曲，期望會隨之發生變化。

我懷疑那些感到厭倦的評論家，他們的期望沒有那麼可塑和動態。羅尼清楚地知道，當燈暗下時他會期待什麼。毫無疑問，有時一部電影讓他感到驚訝，但即使是這樣，它也以一種可以預見的方式讓他感到驚訝：「啊哈，所以導演選擇的敘事轉折讓人聯想起希區考克，而不是黑色電影！」電影能做什麼的可能範圍，一開始就已經在他的腦海中勾勒出來了。唯一的不確定性是電影最終會歸類在已經非常明確和被理解的條框中的哪一部分。

當然，你對電影了解越多，你就會有越多的比較模式，在電影中做以前沒有做過的事是非常困難的。如果你徹頭徹尾地了解電影史，就很難忽略這些潛在的相似、對比和比較。這會讓你的體驗成為一種純粹的分類工作：故事情節像《印第安納瓊斯》（*Indiana Jones*, 1981），構圖像《阿凡達》（*Avatar*, 2008），演出像《拿破崙炸藥》（*Napoleon Dynamite*, 2004）。那樣看電影沒什麼樂趣。

這樣缺少的是某種程度的開放性，以及讓自己真的感到驚訝的意願。不僅是對這部電影最終進入哪個仔細劃分的電影歷史檔案格感到驚訝，而是因這部電影對你的影響而感到驚訝。

倦怠的影評人注意力非常集中。羅尼專注在幾個他認為與他的評論相關的、明確定義的特徵，而忽略所有其他的特徵。而且這樣做通常是正確的，因為其餘的特徵很可能是可以預測的；但有時則不然。羅尼會錯過他關注的焦點之外發生的所有事。

但是如果我們看一部期望值不那麼明確的電影（或者我應該說先入為主？），我們不會馬上對那些我們認為相關的特徵範圍之外的內容棄之不顧，一切都可以是相關的，即使是那些專業影評人認為是浪費時間的東西。

詩人、藝術家，一九二〇和一九三〇年代巴黎超現實主義運動的先驅：安德烈·布勒東（André Breton, 1896-1966）不太喜歡電影。他發現電影太容易預測也太真實了，不太符合他超現實主義的標準。但是他找到了一種享受電影的方法，就是將張開的左手放在眼前，這樣一來，他就無法看到整個銀幕，只能看到其中的一部分。他宣稱這樣的體驗非常棒。這不是羅尼會做的事，坦白說，我也不會推薦任何一位剛冒出頭的影評人這樣做，但這樣顯然比羅尼的體驗更為愉快。

藉由遮住半個銀幕，安德烈．布勒東設法擺脫了接下來會發生什麼事的先入之見，可以對銀幕上的內容有真正的開放式體驗。同樣，這也是一個極端的例子，顯然不適用於所有人。想像一下，整場的觀眾都蒙住眼睛的景象——這不會是每個電影導演的夢想。但這就是安德烈．布勒東對抗厭倦傾向的方式。他這樣做是為了強迫自己的注意力不去尋找人們常注意的刻板的東西。他強迫自己的注意力保持開放，不受期望的約束。一定有一些方法，可以在不遮住眼睛的情況下做到這一點。

新的眼光

就在布勒東用手指看電影的差不多同時，義大利畫家喬治・德・奇里訶（Giorgio de Chirico, 1888-1978）描繪出令人難以忘懷、但也令人有些不安的畫作——空曠的廣場、拱門、古老的雕塑和遠處的火車。他有一種特殊的天賦，可以將日常場景變成異世界的東西。對此，他也有很多話要說：

一個晴朗的秋天下午，我坐在佛羅倫斯聖十字廣場中央的長凳上。這當然不是我第一次看到這個廣場……整個世界，一直到建築物和噴泉的大理石，在我看來似乎正在重建中。廣場中央矗立著一尊披著長斗篷的但丁雕像，緊握著他的作品貼住身體，戴著桂冠的頭若有所思地傾向地面。雕像是白色的大理石，但時間給了它一層灰色的外衣，看起來非常合適。秋天的陽光溫暖而無情，照亮了雕像和教堂的外牆。然後我有一種奇怪的印象，我好像是第一次看到這些東西。

我覺得這段話最貼切的是最後一句。當我們在一件藝術品或風景前有強烈的體驗時，我們經常會以「好像第一次看到一樣」看待它。事實上，描述至少某些形式的美感體驗的一個好方法就是：感覺好像是第一次擁有這種體驗。即使我們已經看過很多次，當它真正觸動我們時，感覺就像是第一次。我們以前從未真正看見它，但現在我們看見了。

這種「第一次看見它」的說法，聽起來像是陳腔濫調，但我不認為是這樣。當你第一次看到某樣東西時，你沒有用習以為常的方式（挑出與你相關的那些特徵，而忽略其餘的）來看它。你讓注意力四處轉，因為它的任何特徵都可能是相關的。所以當你第一次看到某樣東西時，你的注意力往往是開放的：你不知道該注意些什麼。

如果你突然不得不在你朋友的公寓裡滅火，而你第一次看到一件物品（甚至是一件藝術品）時，你很可能不會轉移注意力，去尋找讓人滿意的特徵。你只需要注意一件事：它如何幫助你滅火。但是，如果你不急於做任何特別的事，並且對從未見過的物品感興趣（這通常是在博物館中發生的事），那麼你的注意力往往是開放式的。感覺第一次看到某樣東西，說明你的注意力是開放的。

當你覺得你是第一次看某樣東西時，這意味著你已經拋棄了任何既定的、習以為常的看待它的方式。這就是我感興趣的對比：習以為常看待事物的方式，以及「好像是第一次」看待它的方式。這就是德・奇里訶所說的：他習以為常、與世界聯繫的方式突然不見了，他重新看到了世界。

當然，例行公事、習以為常並沒有錯。開車上班，在擁塞交通中前進時，擁有習以為常的感知方式是很好的；在這種情況下，你不想用新的眼光看事物。此外，新的眼光很難維持超過幾分鐘。你不能每天、整天處於這種美感狀態。

還記得你十幾歲時反覆聽的那首歌嗎？它每次都會撼動你。直到，嗯，它無法再撼動你。就好像你把它用完了一樣——你太習慣了。每當這發生在我身上時，我都有一種深刻的失落感。

好消息是，至少有時這種體驗會回來。你暫時停止聽那首歌幾個月（或幾年），當你再次聽到它時，它可能比以往任何時候都更強烈地震撼你。那時，就像是你第一次聽到一樣。習以為常消失了。

這就是德．奇里訶和他的巴黎朋友一百年前的重要見解：藝術可以幫助我們克服平淡習以為常的日常感知。習慣會拖磨你，即使是最美麗的東西，你一直看也會變得越來越無味。但是藝術可以幫助你擺脫習慣，以前所未有的方式看待事物。

然而，這種「新的眼光」的感覺，顯然沒有捕捉到我們在美感體驗中所關心的一切。正如前文提過的，並不是所有的美感體驗都以這種開放式注意力為其特徵；而感覺「好像第一次」時，就是以這種方式使用注意力。我們顯然很珍惜聽同一首歌數百次、看同一部電影直到我們記住所有台詞等。當我們這樣做時，我們確實享受熟悉的感覺。馬塞爾．杜象（Marcel Duchamp）稱藝術為：「一種形成習慣的藥物」，也是如此。美感體驗有各種不同的風味，但是有些美感體驗，與「好像第一次看見」有很大關係。

縈繞於心的效果

這是美感為我們的生活增添色彩的另一種方式。美感體驗可以產生縈繞於心的效果。這是享受藝術一個奇特且研究得不夠深入之處——它會縈繞於心。當你在博物館度過一整天後，步行回家時，單調的公車站在你看來可能就像博物館中的一張照片。當你離開一場精彩的音樂會或電影時，醜陋、灰色、骯髒的街景可能看起來非常漂亮。

馬塞爾．普魯斯特（Marcel Proust）描述了同樣的現象。在看過他最喜歡的畫家的作品後（他用埃爾斯特這個虛構的名字來指稱），他開始注意他以前從未注意過的、平凡餐廳場景中的特徵。他看到了這場景，是他以前見過很多、很多次的，但這次看起來非常不同。突然間，他開始注意到：

刀子相互交叉擺放的斷續姿態；一張被丟棄的餐巾鼓起的弧度，太陽在上面形成一塊黃色的天鵝絨；半空的玻璃杯，凸顯出那彎曲側面的流暢曲線如何高貴優越，同時在它半透明如水晶的中心，有一滴殘酒，清澈如冰凍的日光，暗淡地在光中閃閃發亮；物體的位移、光影作用下液體的嬗變；在半掃空的盤子裡，李子的顏色從綠色變成藍色、從藍色變成金黃色；椅子像是一群老太太，每天來兩次，圍著鋪著白色桌巾的桌子就定位，就像在祭壇邊舉行味覺儀式一樣；牡蠣殼的凹陷處聚集了幾滴牡蠣水，就像迷你的石頭聖水盆……

正如他所說：「我試圖在那裡找到美，在我以前從未想過的地方，它可以存在於最普通的事物中，存在於『靜物』的深刻之中。」

強調注意力在美感欣賞中的重要性有個優點，就是可以解釋這種令人費解的現象。藝術改變了你注意的方式，而這種專注的狀態不會就這樣停止，它縈繞於心。

美感體驗可以讓我們摒棄用先入為主的方式去理解我們看到的東西。當我們欣賞完藝術後，我們的注意力需要一些時間才能恢復自由。我們不斷地以開放式的注意力接近我們所看到的一切，這可能會導致將電影院前骯髒的人行道視為藝術品。

美國抽象畫家阿德．賴因哈特（Ad Reinhardt, 1913-1967）說過：「『看』並不像看起來那麼簡單。藝術教人們如何去看。」這是我們從享受藝術中獲得的一個重要益處：它可以讓你恢復「看」的單純樂趣，無論你看到的是什麼。它可以讓你把事物看得像是你第一次看到一樣。

第七章

全球美學

回想一下你上次參觀大型美術館的情景。你還記得美術館中有多少「必看」的藝術品是在歐洲或美國創作的嗎？可能是其中的絕大多數。但藝術作品一直在世界各地被創作，不僅是在歐洲和美國。這些藝術品在大多數藝術博物館中都不容易找到；就算真的有，也往往藏在某個遙遠的翼樓裡。

抽象表現主義畫家威廉・德庫寧（Willem de Kooning, 1904-1997）將當代藝術史的主流視野比喻為鐵路：「藝術史上有一條可以追溯到美索不達米亞的火車軌。它跳過了整個東方、馬雅和美洲印第安文化。杜尚在上面、塞尚在上面、畢加索和立體派在上面；賈科梅蒂、蒙德里安還有很多很多——整個文明。」

幸運的是，如今很少有藝術史學家採取這種單一的藝術史鐵道觀點。但這種對藝術的思考方式仍然支配著大多數美術館的日常藝術觀念和策展工作。如果我們想停止獨尊歐洲藝術，不僅需要改變「西方」與非「西方」藝術之間的不平衡，還需要改變「西方」與非「西方」美學之間的不平衡。我們需要一種全球美學。

觀點的地理

你成長的文化背景是如何左右你的美感體驗（你對藝術作品、風景等的體驗）？這是全球美學的起手式問題。答案很簡單：我們不能假設工藝品在每個歷史時代、每個地方，都以此時此地的方式被看待。從現在開始我會談工藝品，因為我想遠離關於在哪些文化中，什麼可以算作「藝術」，什麼不可以算作「藝術」的問題。

這一主張與美學的傳統觀點背道而馳。根據傳統觀點，美學作為一門學科是關於普世性的：它研究欣賞藝術品和其他美學對象的方式，與我們的文化背景無關。事實上，藝術史學家經常指責美學家的這種文化普世主義。一些最近流行、具有神經科學色彩的美學研究，更加強調這種美學的普世性，這些研究的目標往往是以不依賴主體文化背景的方式，找到各種美感欣賞形式與神經傳導之間的關聯。

事實上，情況正好相反。如果我們認真對待心智的實證科學，它實際上教導我們的，是完全放棄文化普世主義，因為有大量紀錄證明這種由上而下對感知的重大影響。數以千計的心理學和神經學研究證明，我們所知道和相信的東西，甚至會影響視覺和聽覺處理的最早期階段。有鑒於我們知道和相信的事，取決於我們成長的文化和時期而各自不同，我們的看法也會因我們成長的文化和時期而異。

問題是這些自上而下、對感知的影響是如何發揮作用，以及透過哪些過程控制。我會談到兩種控制機制：「注意力」和「心理意象」。注意力和心理意象都在很大程度上取決於我們的高層心理狀態，例如信念和知識。注意力和心理意象都會影響我們的感知和美感欣賞。

換句話說，注意力和心理意象存在跨文化差異。考慮到注意力和心理意象在美感欣賞中的重要性，這就等於是說美感欣賞存在跨文化的差異。有了現代我們對心智運作方式的了解，普世主義就不在選項內了。我們不能自認，我們的欣賞方式和當地製作工藝品的人、以及使用者所意圖及實際欣賞的方式相同。

我們注意什麼以及我們怎麼做，在很大程度上取決於個人的背景信念、知識和感知能力，這些都和文化對應。因此，我們的注意力模式也具有文化特異性。有鑑於我們對工藝品的體驗，在很大程度上取決於我們注意什麼，這意味著，我們對工藝品的體驗，存在顯著的跨文化差異。

下面是一個例子：請見圖5所示所羅門群島的 tepatu（胸甲）。你可能會看到交叉線條構成的抽象圖案。現在我告訴你，tepatu 下端的倒V形很可能是代表軍艦鳥的尾巴，而正上方的形狀是它的翅膀。有軍艦鳥代表有鰹魚群存在，這種魚在聖克魯斯群島居民的飲食中至關重要，而這個胸甲就是來自當地。更上層的形狀被認為代表海豚或魚，甚至可能是讓軍艦鳥出現的鰹魚。

在閱讀上一段敘述的之前和之後，你所注意到這個 tepatu 的特徵可能會有不同。你會更加注意之前忽略的部分，例如可能代表海豚背部的部分，因此你的體

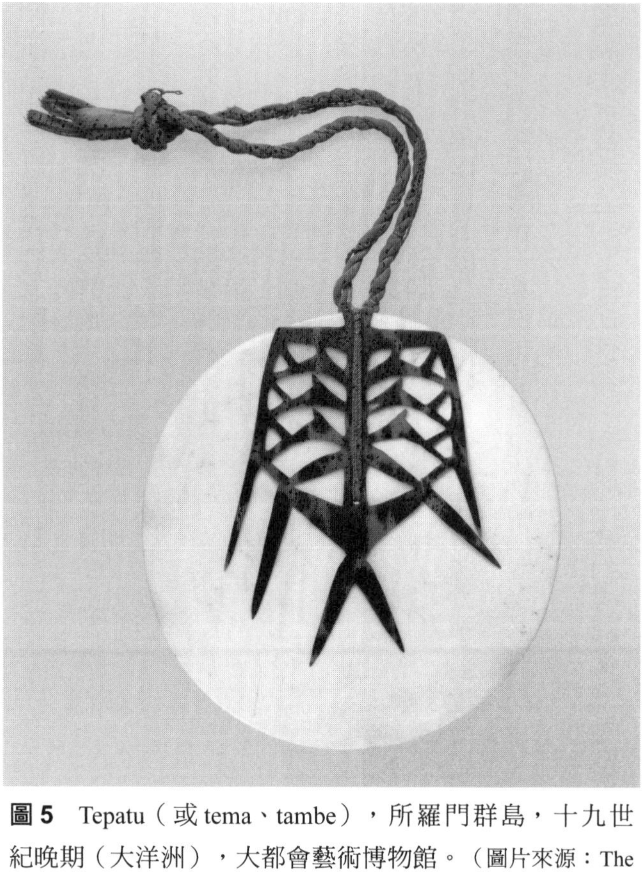

圖 5 Tepatu（或 tema、tambe），所羅門群島，十九世紀晚期（大洋洲），大都會藝術博物館。（圖片來源：The Metropolitan Museum of Art/Art Resource/Scala, Florence.）

驗會很不同。注意力（非常具有文化特異性）的變化，會導致你對工藝品的體驗發生變化。

不僅我們注意的內容因文化而異，而且我們欣賞的方式也不同。在東亞長大的人對簡單的視覺展覽（如水族館）的反應，往往與歐洲人不同。歐洲人傾向於注意移動的魚，而東亞人則傾向於注意背景特徵，如氣泡或海藻。一般來說，歐洲人在這類視覺任務中的注意力似乎更集中，而東亞人的注意力則較分散。同樣的，運用注意力的方式存在跨文化差異，這會導致體驗存在跨文化差異。

自上而下影響我們感知體驗的第二個媒介是心理意象。我們的心理意象在很大程度上，取決於我們所知道和相信的，以及我們以前感知過的其他事物。當你想像一個蘋果時，這個形象化的蘋果的樣子，取決於你在生活中見過的蘋果種類。心理意象在我們的藝術體驗中扮演重要的角色，日本美學中就反覆出現這個主題。

例如，印度尼西亞藝術家喬姆佩特・庫斯達南托（Jompet Kuswidananto, 1976-）創作的裝置藝術作品，需要藉助心理意象來完成。觀眾的心理意象是這裡體驗的重要組成部分（見圖6）。

來自不同文化背景的不同觀者，用不同的心理意象來完成這件藝術品。想必大多數人（不是全部）看著這個裝置藝術時都會產生馬的心理意象，

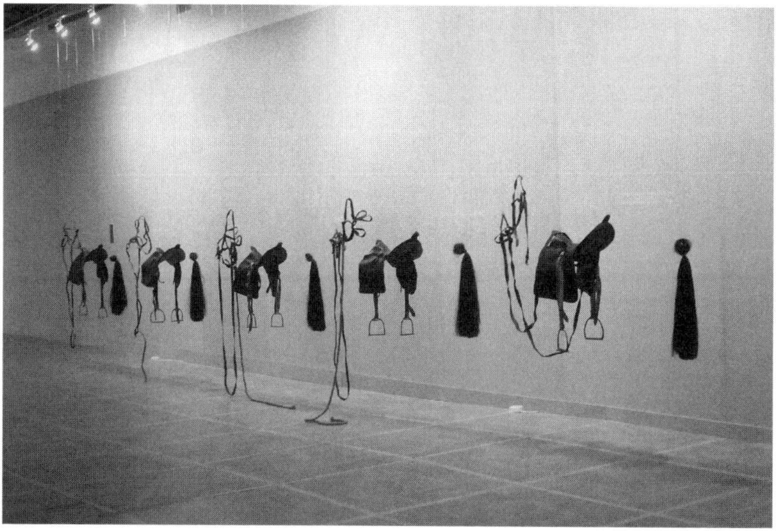

圖 6 〈第三王國的護衛隊〉（*Cortège of the Third Realm*），2012（印尼）。（圖片來源：Ekaterina Bykova/Shutterstock.com.）

但在那些，例如說，馬與戰爭相關的文化中，心理意象（特別是騎士）就會很不同，也會帶來不同的情感負擔。這意味著來自不同文化背景的不同觀者，對同一件藝術品會有非常不同的體驗。

庫斯達南托的裝置藝術對我們的心理意象具有異常直接和明確的吸引力，但幾乎所有藝術作品的體驗都涉及心理意象。這在幾乎所有非「西方」美學傳統中尤為明顯，在這些傳統中，美感體驗被非常明確地視為一種多模式經驗，對我們所有的感官方式起作用，不僅包括視覺、還包括聽覺、嗅覺、味覺和觸覺。非常極端地以視覺為中心主張的美學，通常似乎是屬於「西方」的。

這在 Rasa 傳統中得到了最明確的闡述，正如我們提過的，Rasa 的字面意思是品味我們經驗的情感。這裡所說的味道不僅僅是比喻而已。即使那些僅由一種感官方式（例如聽覺，以音樂為例）觸發的 Rasa 體驗，也應該運用我們所有其他的感官（看、聞、觸、嚐）。換句話說，它們應該喚起多模式心理意象。

Rasa 並不是唯一的例子。日本美學的一個關鍵概念是「隱藏的美」或「幽玄」（Yugen），這種欣賞涉及類似於心理意象的東西（就隱藏和不完全的面向來說）。十一世紀的伊斯蘭哲學家阿維森納（Avicenna）也非常強調意象在我們體驗美的過程中的重要性。

我們的經驗取決於我們的文化背景。藝術史學家喜歡談論視覺史。海因里希・沃爾夫林（Heinrich Wölfflin, 1864-1945）可能是有史以來最具影響力的藝術史學家，他曾有句名言：「視覺本身有其歷史，這些視覺層次的揭露必須被視為藝術史的首要任務。」雖然對於這個挑釁的說法已有很多討論，但從某種意義上來說，這種說法在經驗上是正確的。有鑑於注意力和心理意象有其歷史，受這些影響的視覺自然也有其歷史。

如果在這個意義上，觀點有歷史，那麼觀點也有地理。一般來說，感知也是如此。有鑑於注意力和心理意象取決於我們來自何種文化，受這些影響的感知也取決於我們的文化背景。全球美學就是關於視覺的地理。

全球語彙

我們不能用我們自己對工藝品的體驗，來假設這種工藝品在不同文化中如何被體驗。但是，我們應該如何了解它在不同文化中的體驗和使用方式，尤其是在沒有這些文化中的人可以與之交談的情況下？

我們對一些工藝品生產中心有很多了解，對其他的地方則知之甚少，這為全球美學思考帶來了明顯的不對稱。我們有大量資訊是關於十五世紀的義大利繪畫是如何繪製、以及人們如何看待它，但對於十五世紀的中美洲繪畫是如何繪製、以及人們如何看待它，卻幾乎一無所知。這種認知上的不對稱是巧合的結果，例如何處的記錄被保存下來，而何處沒有。但我們不應該因此而認為世界上那些我們比較了解之處的文物，在某種程度上「更好」或「更值得」研究。

但是，如果我們不能將我們的「西方」體驗推及其他文化，且如果我們對世界大部分地區是如何體驗工藝品所知甚少，那麼這會導致一個懷疑論：我們根本無法知道其他文化是如何體驗工藝品，因為不同文化對工藝品的體驗，存在根本差異。如果我們想避免這種懷疑論，就需要找到一種方法來理解工藝品的至少某些面向，而無需對產生它們的文化有太多了解。

全球美學必須能有一個概念框架，可以談論任何工藝品，無論它是在何時何地創作的。這相當於訂出每個工藝品需要具有、且與美學相關的特徵。

每個工藝品都需要具備的特徵，舉一些瑣碎的例子像是：材料組成和尺寸。每個工藝品都是由某種東西製成的，每個工藝品要嘛這麼大，要嘛那麼大。還有更瑣碎的特徵，例如這工藝品是否描繪了一個蘋果。它要嘛有，要嘛沒有，沒有其他選項。這些例子的問題在於，雖然在某些文化中尺寸和材料組成可能和美學有關，但在許多文化中並非如此。我們需要找到一些在美學上更相關的特徵空間。

我想用畫作當作研究案例。畫作的體驗通常可以是一種美感體驗，且不僅是在「西方」文化中如此。畫作不一定是藝術品；例如，如何在水上著陸時下機的飛機安全圖，不管怎麼說都不算藝術品。很多東西都可以算作畫作：不單是畫布上的油彩或木頭上的蛋彩畫，還有皮膚上的紋身、一塊樹皮上的刮痕，或手機上的自拍照。畫作是多種多樣的。

儘管如此，每張畫都有構圖：每張畫都以非隨機的方式構成畫面元素。構圖在所有文化中都具有美學意義。約魯巴美學（Yoruba，奈及利亞西南部的美學傳統）的關鍵概念之一是 ifarahon，通常被翻譯為「可見性」，它要求人的所有部分都清晰可見。雖然這個概念最初適用於雕塑，但它已經成為攝影師應該追求的最重要的屬性了。例如，保姆的兩隻眼睛都應該可以看見。

在描述中國繪畫美學最詳盡的早期作品中，六世紀的中國畫家兼評論家謝赫，概述了繪畫的六大法則。第五個法則是「經營位置」：安排畫面元素的空間和深度，此後成為所有中國繪畫專注的中心主題。大約在同一時間寫成的《毘濕奴法往世書》第三部，是一本極其詳盡的印度教繪畫百科全書，也充分提及構圖——誰應該在誰的後面、旁邊或前面。構圖也一直是日本美學的中心主題。

這些作品都提出一個問題：畫面是如何組織的。在一個非常抽象的層面上，有兩種截然不同的構圖模式，我稱之為「表面構圖」（surface organization）和「場景構圖」（scene organization）。每張畫，無論何時何地創作，都位於表面構圖和場景構圖的範圍之間的某處。

表面構圖的目標是引起人們注意描繪對象的二元輪廓形狀如何放置在二元框架內。相較之下，場景構圖目標是引起人們注意描繪對象的立體如何放置在描繪的空間中。兩者之間必須權衡，大多數圖畫都試圖結合兩者。但是，當兩種構圖原則發生衝突時，其中一種（場景或表面構圖）往往會勝出。

構圖與美學相關，所有圖畫創作者都必須選擇如何構成他們的畫面。而且，關鍵的是，這區別不是以「西方」為中心，而是任何文化中都有的畫面設計問題。因此，場景構圖和表面構圖之間的範圍，可被視為一個非常普遍，但不是以「西方」為中心的概念框架的起點，可用於描述任何圖畫，無論它們是在哪裡創作的。

場景構圖和表面構圖之間的區別有些抽象。因此，借助更容易發現、更簡單的特徵來證明這種區別，會很有幫助。我會聚焦在兩個這樣的特徵：「遮擋」和「留白」。

在日常感知中，我們會遇到很多遮擋：我們看到一些物體是在其他物體的後面或前面。問題是遮擋是否出現在畫面中。表面構圖意味著圖畫創作者在意是否存在遮擋：畫面中的遮擋是一種特徵，顯示所描繪對象的二元輪廓形狀，在二元表面上如何彼此相關。有些畫面會特意避免遮擋，另一些則堆疊以產生遮擋，兩者都是表面構圖很好的指標。我們可以把所有畫面都置於極度缺乏遮擋和極度尋求不遮擋之間的範圍內。圖7和圖8是靠近這兩個極端的兩種範例。

圖 7　斯基泰壁畫，西元前五世紀。（圖片來源：Heritage Image Partnership Ltd/Alamy Stock Photo.）

圖 8　羽川藤永，〈朝鮮使者來朝圖〉（*Procession of Korean Mission in Edo*），約 1748 年（日本）。（圖片來源：The Picture Art Collection/Alamy Stock Photo.）

來自某些文化的畫，會集中在這個遮擋程度表上特定一點的周圍。例如，巴澤雷克文化（Pazyryk）墓穴中的斯基泰人（The Scythian），不惜一切代價避免遮擋。而在羽川藤永的畫作中，幾乎一切都像是刻意被遮擋了。這兩種類型的畫都可以算作表面構圖。

相較之下，一些其他文化的畫作，例如：美洲原住民的淺雕刻或十七世紀的荷蘭靜物畫，並沒有特別受到存在或缺乏遮擋的困擾——表示它們屬於場景構圖：如果圖片是按照描繪的三元場景構圖，那麼無論是遮擋還是不遮擋，都不是特別重要。

每張畫面都具有的第二個特徵是：有無留白。在日常感知中，我們視野有一部分常常是空的，因為沒有感知上有趣的元素，只有天空、地面、一堵白牆。有些畫故意避免留白：他們試圖在每一平方英寸的表面上放置有趣的圖畫元素。有些畫則故意留白。圖9和圖10提供了一些範例。

圖 9　亞歷山大·阿波斯托（Alexander Apostol）拍攝普利多的住宅（Residente Pulido，2001）。攝影師以數位方式從建築物中移除了許多細節，如窗戶、門。（委內瑞拉）。

圖 10 臥佛寺壁畫，十九世紀，曼谷學校（泰國）。（圖片來源：iStock.com/Ksdphoto.）

同樣地，在意畫面的某些部分是否留白，是表面構圖的一個重要指標。場景構圖對於畫面的某些部分是否留白保持中立。在遮擋的情況下，表面構圖的畫作將聚集在留白程度表的某些特定點四周（來自不同文化的畫圍繞著不同的點）。相較之下，場景構圖的畫則分散在留白程度表的大部分區域。

在這兩個特徵的基礎上，我們可以得到一個坐標系：遮擋和留白。我們可以添加其他特徵，如畫框或對稱性。有些畫作尊重甚至強調其畫框，有些刻意假裝畫框不存在。由於畫框是一個二元表面特徵，注意它（藉由強調或不強調）是表面構圖的指標。對稱性是另一個表面特徵：竭盡全力獲得對稱構圖或竭盡全力獲得不對稱構圖，表示它是表面構圖。如果對稱不是什麼大問題，或者如果畫框不是什麼大問題，那就是場景構圖的指標。

這就產生了一個多元的特徵空間，我們可以把每張畫放在其中，不用管我們對產生它的文化了解多少。這顯然不是我們對來自不同文化畫作理解的終結：畫在許多其他方面具有文化特異性，是這種形式的分析所無法提供的。但它是一個堅實的起點，可用來採取進一步、更具文化針對性的研究。

這種文化中立的多元特徵空間，可以幫助我們在理解來自我們知之甚少的文化的畫作這方面，得到一些進展。例如，如果在某一文化中創作的畫作全都煞費苦心地避免遮擋，這就為我們提供了一個重要的數據點，用來試著找出它們為何這樣做的原因。這種形式的分析不會給我們答案，或者可能提供非常片面答案，但它可以讓我們提出的問題更聚焦。

以下是一個例子。如果你對中世紀的歐洲文化一無所知，看到很多像第五章裡的多梅尼科．韋內齊亞諾的小畫（見圖4，第一〇七頁），你會不知道畫中這兩個人物是誰。其中一個是女人，另一個人長著翅膀。但是如果你看過夠多這個圖案：女人加上有翅膀的人，你就會注意到這兩個人物往往彼此相距甚遠。他們不僅不會相互遮擋，而且它們以一種不可能相互遮擋的方式安排在畫面上。

你不知道這是天使報喜的圖像，是人類和天使的相遇，他們居住在非常不同的靈域，因此不能（或不應該）被描繪在同一個空間中。你至少要對中世紀的歐洲宗教和文化有點了解，才會知道這一點。但即使你對中世紀的歐洲文化一無所知，只要注意到這兩個人物間的空間關係的奇特之處，就至少有能力去辨別這種專屬某一文化的奇特之處。為了理解為什麼這會是中世紀「天使報喜」在設計上的問題，你就需要了解當地（中世紀歐洲）的文化。但在沒有此文化特定資訊的狀況下，你也可以注意到這個設計上的問題。

全球美學是奠基於特定文化資訊，及某些種類的工藝品都有的廣泛形式特徵，這兩者之間相互加強的交互作用。這兩種看似相反的傾向，可以，而且也應該互為幫補：我們越是發現某種文化中工藝品某些反覆出現的形式特徵，例如它們是否有意避免遮擋，就越能找出一些為什麼會這樣做的特定文化資訊。

更加迷失在博物館裡

在這本書的開頭，我敘述了一個我們大家在藝術作品前都曾有過的經驗——有時我們會發現，無論自己有多努力，都很難進入難以捉摸的美感體驗中。你曾經在這件藝術品前有強烈而令人滿足的美感體驗，但現在就是沒有。

你可能在博物館中會經常自問這個更具體的問題——當我遇到來自不同文化的文物時，我該找尋什麼？用來自西非貝南的雕塑來舉例（見圖11）。這些雕塑很可能不是為了美感欣賞，無論我們對什麼是美感的解釋有多廣泛。當你進入一個充滿像這樣十六世紀貝南雕塑的博物館展間時，你會做什麼？你會想獲得什麼樣的體驗？

我猜你會透過把它們和你所知的藝術品聯結起來，來理解這些物品。就西非雕塑而言，我們當中有許多人的參考框架可能是歐洲現代主義雕塑（完全不意

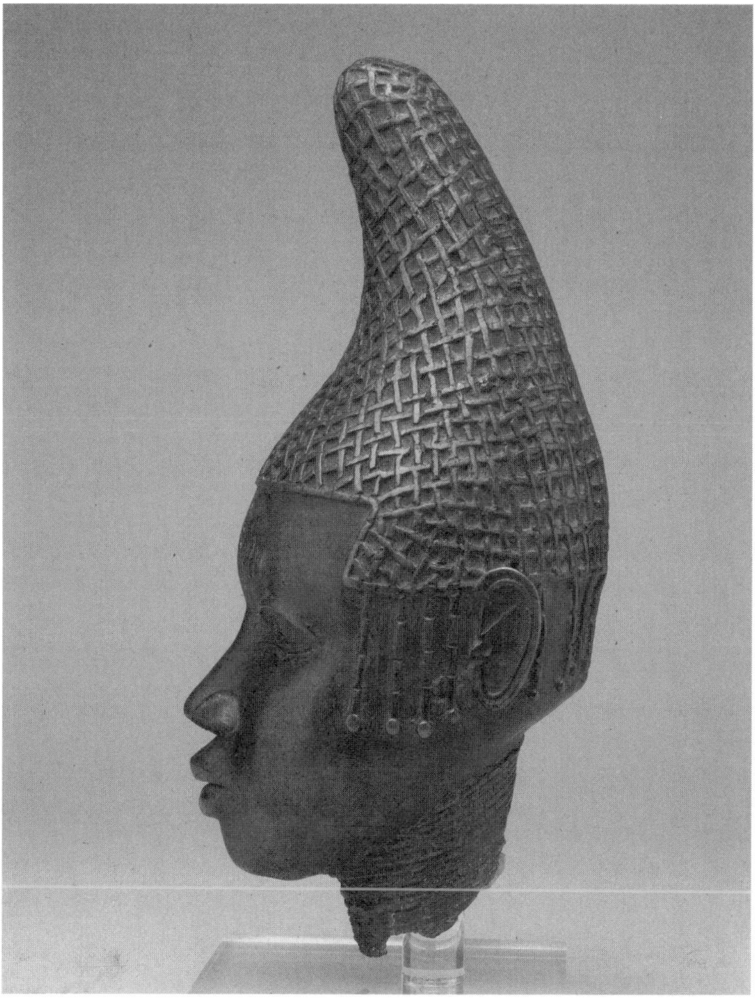

圖 11〈王太后頭像〉（*Head of the Queen Mother*），十六世紀（貝南）。（圖片來源：Courtesy National Museums）

圖 12 〈主人〉（*Maiastra*），藏於古根漢博物館。（圖片來源：The Solomon R. Guggenheim Foundation, New York.）

外，這是受到西非木雕的深刻影響）。我們可能會被貝南的一些雕塑吸引，因為它讓我們想起現代主義雕塑，例如康斯坦丁・布朗庫西（Constantin Brâncu i, 1876–1957）的作品（見圖12）。我們可以從中獲得相當多的美學樂趣，甚至獲得美感體驗。

我提出了一個社會學主張，描述了人們想理解此類物件時，實際上是怎麼做。但還有一個更進一步的問題：我們以這種方式去接觸工藝品，是錯的嗎？這些物件顯然不是要像布朗庫西的作品那樣被體驗。

類似的問題是：當我們遇到來自不同時期的文物時，我們要找尋什麼？常常去一間博物館，往往表示你會遇到不同時期的文物。聽音樂或閱讀文學作品也是如此。這時我們該怎麼做？

再一次，我的社會學主張是，我們試圖以一種我們可以理解的方式去體驗這些作品：以我們熟悉的方式，去欣賞現在眼前的作品。在第五章中，觀看多梅尼科・韋內齊亞諾的畫作時，我們試著以一種方式去看待它，這種方式是由觀看非常不同類型（例如二十世紀）的畫作而形成的。所以問題仍然存在——我們這樣做是錯的嗎？

有鑑於美感經驗的文化特異性，當牽涉到欣賞藝術作品時，什麼是錯、什麼是對這個問題根本不會出現。這問題不會出現，因為不論將貝南雕塑和早期義大利繪畫當作現代主義藝術品來欣賞是對是錯，我們其實真的別無選擇。我們能做到最好的事，就是從我們自己文化的距離來評價這些藝術品。

正如前文中提過的，美感體驗是以上而下的方式，受到個人的文化背景影響。貝南雕塑家和雕塑作品的目標觀眾群，他們由上而下被影響的美感欣賞，和我的美感欣賞有很大的不同。這使得我們欣賞的方式，不太可能和工藝品的原始創作者及使用者欣賞的方式相同。

但我們能不能至少試著彌補這差距？我們可以嘗試。而且，在某種意義上，我們也應該如此。毋庸置疑，了解其他文化及其工藝品是非常有益的，但是完全的文化沉浸幾乎是不可能的。這有一個系統性的原因，就是我們現在非常熟悉的一種心理現象：重複曝光效應（這整本書反覆地出現重複曝光這個概念，應該真的能讓讀者積極地看待它）。由於重複曝光效應，我們的價值判斷取決於我們所見過的作品。烙印在我們心中的美感偏好（由早年接觸到的事物而定）非常、非常難以動搖。

我們可以用幾十年的時間探索不同的在地文化。事實上，這正是許多全球藝術史學家所做的。譬如，假設他們研究印尼藝術，那麼他們就會搬到印尼居住多年，甚至數十年，讓自己接觸該文化環境以及環境中的刺激，這些刺激可能與他們習慣的大不相同。這至少可以部分扭轉重複曝光效應。但生命是短暫的，即使你完全沉浸在印尼文化中，在面對馬雅藝術的展覽時，你仍然會不知所措。

再回到美學謙遜

英國藝術史家兼評論家麥克・巴克森德爾（Michael Baxandall, 1933-2008）把文化參與者和觀察者區分開來。正如他所說：「參與者以觀察者所不具備的即時性和自發性來理解和了解其文化。他可以在沒有理性自覺的情況下，按照其文化標準和規範行事。」

我的觀點是，完全成為不同文化的參與者是非常困難的，實際上幾乎是不可能的。在一般情況下，儘管我們做出了所有努力，但我們依然是觀察者。只因為我們讀過幾本關於大洋洲藝術的書，也不會突然就變成參與者。其原因主要是實證上的：自上而下對感知的影響及重複曝光效應。

那該怎麼辦？閱讀遙遠的文化和藝術創作形式仍然不失為是個好辦法，因為它可以帶來巨大的回報。全球美學至少應該朝向理解其他文化的人如何看待他們周圍的世界這個方向前進。透過閱讀遙遠的文化，我們可以將它們拉近一點，這樣可以打開至今未知的美感體驗。但是沒有人應該被欺騙而認為藉由這樣做，我們可以成為參與者，而不僅是遙遠的觀察者。

這讓我們更有理由保持美學謙遜。我們應該隨時意識到我們佔有的文化視角，對自己的美學評判保持謙虛，將它當作一種從非常特定的文化角度出發的評價。對美學我們很容易變得傲慢——也許正是因為它對我們個人來說是如此重要。但這更有理由讓我們在做出美學評價時格外小心。如果這本書有一個最重要的訊息要傳達，那就是，我們都需要更有美學謙遜。

致謝

感謝以下諸位對本書草稿提供的意見：Nicolas Alzetta\Alma Barner、Felicitas Becker、Constant Bonard、Chiara Brozzo、Denis Buehler、Patrick Butlin、Dan Cavedon-Taylor、Will Davies、Ryan Doran、Peter Fazekas、Gabriele Ferretti、Loraine Gerardin-Laverge、Kris Goffin、Laura Gow、John Holliday、Anna Ichino、Laszlo Koszeghy、Magdalini Koukou、Robbie Kubala、Kevin Lande、Jason Leddington、Hans Maes、Manolo Martinez、Mohan Matthen、Chris McCarroll、Regina-Nina Mion、Thomas Raleigh、Sam Rose、Maarten Steenhagen、Jakub Stejskal、Lu Teng、Gerardo Viera、Allert Van Westen、Dan Williams、Nick Wiltsher、Nick Young 以及不具名的評論者。特別感謝 Dominic Lope 讀了三種版本的手稿。

延伸閱讀

第一章：迷失在博物館裡

- The Gombrowicz quote is from his *Diaries* (New Haven: Yale University Press, 2012), p. 39.
- The Léger story is in his The Machine Aesthetic. *Bulletin de l'effort moderne* (Paris, 1924).
- The Newman quote is from John P. O'Neill (ed.), *Barnett Newman: Selected Writings and Interviews* (New York: Alfred A. Knopf, 1990), p. 25.
- The 'influential strand in Western aesthetics' goes back to Immanuel Kant's *Critique of Judgement*.
- On the importance of the aesthetics of everyday scenes, see Sherri Irvin, The

Pervasiveness of the Aesthetic in Ordinary Experience. *British Journal of Aesthetics* 48 (2008): 29–44; Bence Nanay, Aesthetic Experience of Artworks and Everyday Scenes. *The Monist* 101 (2018): 71–82; Yuriko Saito, *Everyday Aesthetics* (Oxford: Oxford University Press, 2007).

第二章：性、毒品、搖滾樂

- A good exposition of the ‘sex, drugs, and rock ‘n’ roll’ problem is in Jerrold Levinson’s *The Pleasures of Aesthetics* (Ithaca, NY: Cornell University Press, 1996).
- What I call the ‘beauty-salon approach’ can be found in almost all ‘Western’ texts on beauty from Plato to Mary Mothersill: see Mary Mothersill, *Beauty Restored* (Oxford: Clarendon Press, 1984).

- The Oscar Wilde quote is from his 1879 lecture to art students. In his *Essays and Lectures* (London: Methuen, 1911), p. 111.
- A very democratic account of beauty, and one that is broadly congruous with my approach is in Dominic Lopes's *Being for Beauty* (Oxford: Oxford University Press, 2018).
- The Léger quote is from: The Machine Aesthetic: The Manufactured Object, the Artisan and the Artist. *Bulletin de l'effort moderne* (Paris, 1924).
- For Kant's concept of disinterested pleasure, see Immanuel Kant, *Critique of Judgement*, trans. W. S. Pluhar (Indianapolis: Hackett, 1987, originally 1790).
- A good summary of the distinction between restoration pleasure and tonic pleasure is in Michael Kubovy, On the Pleasures of the Mind. In: D. Kahneman, E. Diener, and N. Schwartz (eds), *Well-Being: Foundations of Hedonic Psychology* (New York:

Russell Sage Foundation, 1999), pp. 134–49.

- The best worked-out account of aesthetic pleasure as sustaining pleasure is Mohan Matthen's theory. See his The Pleasure of Art. *Australasian Philosophical Review* 1 (2017): 6–28. What I call 'relief pleasure', Matthen calls 'r-pleasure' (and Kubovy 'restoration pleasure'); what I call 'sustaining pleasure', Matthen calls 'f-pleasure' (and Kubovy 'tonic pleasure').
- Laura Mulvey's article was published in *Screen* 16/3 (1975): 6–18.
- The Iris Murdoch quote is from her Existentialist Hero, *The Listener* 23 (March 1950), p. 52.
- The Kubler quote is from George Kubler, *The Shape of Time* (New Haven: Yale University Press, 1962), p. 80.

- On wonder as an aesthetic emotion, see Jesse Prinz, *Works of Wonder* (New York: Oxford University Press, forthcoming).
- On being moved as an aesthetic emotion, see Florian Cova and Julien Deonna, Being Moved. *Philosophical Studies* 169 (2014): 447–66 (although they never make the claim that this is a universal feature of all aesthetic engagement).
- On contemplation of formal features as an aesthetic emotion, see Clive Bell, *Art* (London: Chatto and Windus, 1914).
- For an argument that all actions are emotional actions, see Bence Nanay, All Actions are Emotional Actions. *Emotion Review* 9 (2017): 350–2.
- The quote by Fernando Pessoa is from his *The Book of Disquiet* (London: Serpent's Tail, 1991), p. 27 (29 [87]).

- The Sontag quote is in her essay On Style (1965), in her *Against Interpretation* (New York: Farrar Straus Giroux, 1986), p. 27.
- A good example of the 'valuing for its own sake' approach is chapter 3 of Robert Stecker's *Aesthetics and Philosophy of Art* (Lanham, Md: Rowman and Littlefield, 2005).
- For more on the trophy–process balance, see <https://www.psychologytoday.com/intl/blog/psychology-tomorrow/201812/the-trophy-process-balance>.
- The Huxley book is *The Doors of Perception* (London: Chatto and Windus, 1954).
- The Proust quote is from his *Sodom and Gomorrah*, chapter II, paragraph 25 (p. 138 in the Moncrieff translation).

第三章：經驗與注意力

- For some more visual examples of the difference attention can make in your aesthetic and non-aesthetic experiences, see <https://aestheticsforbirds.com/2014/06/16/paying-aesthetic-attention-bence-nanay/>.

- The Gorilla experiment: D. J. Simmons and C. F. Chabris, Gorillas in our Midst: Sustained Inattentional Blindness for Dynamic Events. *Perception* 28 (1999): 1059–74. There are some dissenting voices that construe the phenomenon not as inattentional blindness, but as inattentional amnesia (we see the gorilla but then immediately forget that we have seen it). See J. M. Wolfe, Inattentional Amnesia. In: V. Coltheart (ed.), *Fleeting Memories. Cognition of Brief Visual Stimuli* (Cambridge, Mass.: MIT Press, 1999).

- A good summary of the psychological research on focused versus distributed attention is in Arien Mack, Is the Visual World a Grand Illusion? *Journal of Consciousness Studies* 9 (2002): 102–10.

- For a more detailed account of focused versus distributed attention, see Bence Nanay, *Aesthetics as Philosophy of Perception* (Oxford: Oxford University Press, 2016).

- The Danièle Huillet line is from a 2005 interview with Tag Gallagher, *Senses of Cinema*, 2005, Issue 37.

- The Maria Abramovic quote is from a 2012 interview with Ross Simonini, *Globe and Mail* 20 February 2012.

- The quote by Fernando Pessoa is from his *The Book of Disquiet* (London: Serpent's Tail, 1991), p. 77 (76 [389]).

- On the role of experience in Sanskrit aesthetics and Rasa theory in general, see Sheldon Pollock (ed.), *A Rasa Reader* (New York: Columbia University Press, 2016).

- A good summary of the transparency of perception is in Laura Gow's The Limitations of Perceptual Transparency. *Philosophical Quarterly* 66 (2016): 723–44.

第四章：美學和自我

- The findings about the importance of aesthetic preferences for the self started with the publication of Nina Strohminger and Shaun Nichols, The Essential Moral Self. *Cognition* 131 (2014): 159–71, and various responses to this paper. See esp. J. Fingerhut, J. Gomez-Lavin, C. Winklmayr, and J. J. Prinz, The Aesthetic Self. In:

Frontiers in Psychology (forthcoming).

- On the findings about the constant changes in our aesthetic preferences, see Cambeon Pugach, Helmut Leder, and Daniel J. Graham, How Stable are Human Aesthetic Preferences across the Lifespan. *Frontiers in Human Neuroscience* 11 (2017): 289. doi: 10.3389/fnhum.2017.00289.

- The phenomenon that we think we don't change but we do even has a fancy label, 'The End of History Illusion'. See <https://www.ted.com/talks/bence_nanay_the_end_of_history_illusion>.

- The mere exposure effect experiment with the impressionist paintings is reported in James E. Cutting, The Mere Exposure Effect and Aesthetic Preference. In: P. Locher et al. (eds), *New Directions in Aesthetics, Creativity and the Psychology of Art* (New York: Baywood, 2007), pp. 33–46. See also Bence Nanay, Perceptual Learning, the

Mere Exposure Effect and Aesthetic Antirealism. *Leonardo* 50 (2017): 58–63.

- For a good illustration of how judgement-centred aesthetics is, see Malcolm Budd, Aesthetic Judgements, Aesthetic Principles and Aesthetic Properties. *European Journal of Philosophy* 7/3 (1999): 295–311.
- A good exposition of how aesthetics should not bypass talking about the pleasure we take in aesthetic phenomena is Jerrold Levinson's Pleasure and the Value of Works of Art, in his *The Pleasures of Aesthetics* (Ithaca, NY: Cornell University Press, 1996).
- The Susan Sontag quote is from her essay On Style (originally published in 1965), reprinted in her *Against Interpretation* (New York: Farrar Straus Giroux, 1986), p. 21.
- Hume's essay is Of the Standard of Taste (1757), in *Essays: Moral, Political and*

Literary, ed. Eugene Miller (Indianapolis: Liberty, 1985). A very thorough analysis of Hume's argument is in Jerrold Levinson's Hume's Standard of Taste: The Real Problem. *Journal of Aesthetics and Art Criticism* 60/3 (2002): 227–38.

- On the role of experience in Islamic aesthetics, see Valerie Gonzalez, *Beauty and Islam: Aesthetics in Islamic Art and Architecture* (London: I. B. Tauris, 2001). See also J. N. Erzen, Islamic Aesthetics: An Alternative Way to Knowledge. *Journal of Aesthetics and Art Criticism* 65/1 (2007): 69–75.

- On the concept of 'tabritu' in Assyro-Babylonian aesthetics, see Irene J. Winter, The Eyes Have lt: Votive Statuary, Gilgamesh's Axe, and Cathected Viewing in the Ancient Near East. In: Robert S. Nelson (ed.), *Visuality Before and Beyond the Renaissance: Seeing as Others Saw* (Cambridge: Cambridge University Press, 2000), pp. 22–44.

第五章：美學與他人

- Here is what Pauline Kael said: 'I regard criticism as an art, and if in this country and in this age, it is practised with honesty, it is no more remunerative than the work of an avant-garde film artist.' See her *I Lost It at the Movies: The Essential Kael Collection* '54–'65 (London: Marion Boyars, 2002), p. 234.
- The Eagleton quote is in his *The Function of Criticism* (London: Verso, 1984), p. 7.
- The Malraux line is from André Malraux, *Museum without Walls* (New York: Doubleday, 1967), p. 236.

第六章：美學與生活

- The Berenice Abbott quote is from Julia Van Haaften, *Berenice Abbott: A Life in Photography* (New York: W. W. Norton, 2018).
- The Robert Musil quip is in his novel *The Man without Qualities*, trans. Eithne Wilkins and Ernst Kaiser (London: Picador, 1979) (1930/2). Volume II, p. 336.
- The Camus quote is in his posthumously published *A Happy Death* (New York: Penguin, 2002).
- A vivid expression of Oscar Wilde's line on being the spectator of one's own life is in his novel *The Picture of Dorian Grey* (New York: Barnes and Noble, 1995), p. 121.

- Arthur Schopenhauer was another influential proponent of the idea of aesthetic contemplation. See esp. his *The World as Will and Representation* (Cambridge: Cambridge University Press, 2011).

- The Sontag quote is in her essay On Style (1965), in her *Against Interpretation* (New York: Farrar Straus Giroux, 1986), p. 27.

- The André Gide quote is from his *Diary*, 25 July 1934.

- The Stendhal quote is in chapter 23 of his novel *Charterhouse of Parma.*

- The quote by Giorgio de Chirico is from his 'Meditations of a Painter, 1912'. In Herschel B. Chipp (ed.), *Theories of Modern Art* (Berkeley: University of California Press, 1968), pp. 397–8.

- The general idea of art working against our habits is often associated with Russian formalism. See e.g. Victor Shklovsky, 'Art as Technique' (1917). In *Russian Formalist Criticism: Four Essays*, ed. Lee T. Lemon and Marion J. Reis (Lincoln, Nebr.: University of Nebraska Press, 1965). See also Bence Nanay, Defamiliarization and the Unprompted (not Innocent) Eye. *Nonsite* 24 (2018): 1–17.

- The Duchamp quote is from Calvin Tomkins, *The Afternoon Interviews* (Brooklyn: Badlands, 2013), p. 55.

- The long Proust quote is from *Within a Budding Grove*, trans. C. K. Scott Moncrieff (New York: Vintage, 1970), p. 325.

- The Ad Reinhardt quote is from his 'How to Look at Things through a Wine-glass'. *PM*, 7 July 1946.

第七章：全球美學

- The De Kooning train-track analogy is from his 'The Renaissance and Order'. *Trans/formation* 1 (1951): 86–7.

- For a summary of the literature on top–down influences on perception, see Christoph Teufel and Bence Nanay, How to (and how not to) Think about Top-down Influences on Perception. *Consciousness and Cognition* 47 (2017): 17–25.

- For the cross-cultural findings about what we attend to when we are looking at an aquarium, see Takahiko Masuda and Richard E. Nisbett, Attending Holistically versus Analytically: Comparing the Context Sensitivity of Japanese and Americans. *Journal of Personality and Social Psychology* 81 (2001): 922–34.

- On mental imagery and the important role it plays in aesthetics, see Bence Nanay,

Seeing Things You Don't See (Oxford: Oxford University Press, forthcoming).

- On the multimodality of our aesthetic experiences in the Rasa tradition, see K. M. Higgins, An Alchemy of Emotion: Rasa and Aesthetic Breakthroughs. *Journal of Aesthetics and Art Criticism* 65/1 (2007): 43–54; see also Bence Nanay, The Multimodal Experience of Art. *British Journal of Aesthetics* 52 (2012): 353–63.

- On 'hidden beauty' or Yugen, see T. Izutsu, and T. Izutsu, *The Theory of Beauty in the Classical Aesthetics of Japan* (The Hague: Martinus Nijhoff, 1981). See also Y. Saiko, The Japanese Aesthetics of Imperfection and Insufficiency. *Journal of Aesthetics and Art Criticism* 55/4 (1997): 377–85.

- On Avicenna and imagery, see Valerie Gonzales, *Beauty and Islam* (London: I. B. Tauris Publishers, 2001), esp. pp. 16–18.

- The Wölfflin quote is from his 1915 *Principles of Art History* (New York: Dover,

1932), p. 11.

- More on the history of vision debate in Bence Nanay, The History of Vision. *Journal of Aesthetics and Art Criticism* 73 (2015): 259–71.
- On just how much we know about how paintings were looked at in 15th-century Italy, see Michael Baxandall, *Painting and Experience in Fifteenth Century Italy* (Oxford: Oxford University Press, 1972).
- On 'ifarahon' and Yoruba aesthetics in general, see Stephen F. Sprague: Yoruba photography. *African Art* 12 (1978): 52–107.
- On Xie He's aesthetics of painting, see H. Saussy, *The Problem of a Chinese Aesthetic* (Stanford, Calif.: Stanford University Press, 1993).
- The *Vishnudharmottara* is freely available online: Stella Kramrisch, *The*

Vishnudharmottara Part III: A Treatise on Indian Painting and Image-Making (Calcutta: Calcutta University Press, 1928).

- On pictorial organization in Japanese aesthetics, see Ken-ichi Sasaki, Perspectives East and West. *Contemporary Aesthetics* 11 (2013): spo.7523862.0011.016.
- For more on surface and scene pictorial organization, see Bence Nanay, Two-Dimensional versus Three-Dimensional Pictorial Organization. *Journal of Aesthetics and Art Criticism* 73 (2015): 149–57.
- The Baxandall quote is from his *Patterns of Intention* (New Haven: Yale University Press, 1985), p. 109.

國家圖書館出版品預行編目(CIP)資料

美學：打開未知的美感體驗 / 本斯．納內 (Bence Nanay) 著；蔡宜真譯．-- 初版．-- 臺北市：日出出版：大雁文化事業股份有限公司發行, 2022.06
面；　公分
譯自：Aesthetics : a very short introduction.
ISBN 978-626-7044-49-0(平裝)

1.CST: 美學

180　　111007327

美學：打開未知的美感體驗

Aesthetics : A Very Short Introduction, First Edition

作　　者　本斯．納內 Bence Nanay
譯　　者　蔡宜真
責任編輯　李明瑾
封面設計　萬勝安
內頁排版　陳佩君
發 行 人　蘇拾平
總 編 輯　蘇拾平
副總編輯　王辰元
資深主編　夏于翔
主　　編　李明瑾
業　　務　王綬晨、邱紹溢
行　　銷　曾曉玲
出　　版　日出出版
發　　行　大雁出版基地
地址：新北市新店區北新路三段 207-3 號 5 樓
電話（02）8913-1005　傳真：（02）8913-1056
劃撥帳號：19983379 戶名：大雁文化事業股份有限公司
初版三刷　2024 年 6 月
定　　價　350 元

ISBN 978-626-7044-49-0